ビジネスに役立つ超絶！口説きの技術

櫻井秀勲
Hidenori Sakurai

Kizuna Pocket Edition

きずな出版

はじめに

口説きは相手の心を動かす最高のビジネス・コミュニケーション

職場でいちばん仕事ができる人を思い浮かべてみてください。「仕事ができる人」は、「信頼されている人」といいかえてもいいかもしれません。

いま、あなたが思い浮かべたその人は、上司の信頼も厚く、取引先の人にも受けがよく、なぜか女性陣たちの評判もいい。

「どうしてアイツばかりが、うまくいくのか」

あなたは、そんなふうに思っているかもしれません。

「あの人のようになりたい」

そんなふうにあこがれている人もいるかもしれません。

仕事ができる人と、うまくいかない人は、どこがどう違うのでしょうか。

傍《はた》から見ていると、仕事ができる人は、自分の思うとおりに仕事をしているようです。彼が「こうしたい」と思えば、なぜか上司や取引先の担当者が「ＹＥＳ」といってくれるのです。

それに引き替え、

「自分が何かやろうとしても、ＯＫしてもらえない」

と思うことがあるのではないでしょうか。

そこで私がぜひ、あなたに教えたいのが「口説きの技術」です。

私は大学を卒業して出版社に就職し、最初は大衆文芸誌の編集者になりました。

そこで担当したのが、当時、芥川賞を受賞したばかりの松本清張です。

初めて新入社員として編集会議に出たときのことです。

会議では、編集部員は企画のアイデアを発表していきます。

新人の私にも、編集長はアイデアを聞いてくれました。

「櫻井クンが依頼したい作家はいますか」

私が編集者になったのは、その年に芥川賞を受賞した松本清張の作品を読んだからといっても過言ではありません。

もともと作家志望だった私は、その作品を読んで、自分の作家としての才能は到底、それに及ぶことはできないと見切りをつけたのです。だから編集者になったら、松本清張の担当になることを心秘かに決めていました。

「松本清張さんにお原稿をお願いしたいです」

会議の席上でそういうと、先輩たちがどっと笑いました。

私が配属された文芸誌は大衆向けの雑誌で、直木賞作家の先生方は執筆されていましたが、芥川賞作家の原稿を載せたことはなかったのです。

ちなみに「直木賞」とは、直木三十五《さんじゅうご》という作家に由来する文学賞で、無名、新人作家、または中堅作家による大衆小説作品に与えられるものです。

直木三十五は作家であるとともに、無声映画時代（昭和の初め）、脚本家、映画監督としても活躍しました。代表作の『南国太平記』をはじめとして、作品の多くが映画化されています。直木賞は、直木が43歳で亡くなった翌年の昭和10年、当時の文藝春秋社長・菊池寛《かん》により設置されました。

直木賞はエンターテインメント系の作品に与えられることが多いですが、直木三十五こそ、そのパイオニアだったからといっていいでしょう。

「芥川賞」は、作家、芥川龍之介に由来する文学賞で、純文学の新人に与えられる文学賞です。直木賞とともに創設されました。

松本清張の作品といえば、ドラマや映画で見たという人は多いでしょう。そのイメージからすれば、彼を直木賞作家だと思いがちですが、それはあながち間違いとはいいきれません。なぜなら、芥川賞を受賞した『或《あ》る「小倉《こくら》日記」伝』は、もともと直木賞候補であったのを、選者の永井龍男が激賞して、「これは芥川賞候補作だ」といって、2日後の芥川賞選考会に回され、受賞したという経緯がありました。

それはともかく、直木賞作家ならいざ知らず、いくら受賞したばかりとはいえ、芥川賞作家の松本清張に原稿を依頼するなど、当時の「大衆小説編集者の常識」からいえば、「冗談もいいかげんしてくれ」というような話だったわけです。

普通なら、新人の戯言《ざれごと》として聞き流されてしまったでしょうが、思いがけず編集長がGOサインをくれました。

「おもしろいから、やってみなさい」

後に自分が編集長の立場になってわかるのは、

「新人だからこそ、常識を覆《くつがえ》すようなことができる」

ということがあります。それに、どうせ「ダメで元々」です。

こうして私は、後に日本人なら知らない人はいないというくらい有名になる作家、松本清張の全出版社の最初の担当編集者になることができました。

ところで、女性を口説くテクニックには手順があります。

まずは、(1) 自分の存在を知ってもらうこと。

次に、(2) 信頼に足る人物だということをわかってもらうこと。

ここで、ようやく、その女性と「お近づき」になれます。

これは相手が女性に限りません。すべての人間関係は、ここから始まります。

松本清張さんとのおつき合いも、例外ではありません。

当時、清張さんは北九州の小倉に住んでいました。当時の連絡方法の主流は手紙です。まだ家庭に電話が普及していない時代でした。出版社の編集者として、松本清張さんに原稿依頼の手紙を書きました。

それから手紙のやりとりが始まりましたが、私は、「東京に出てくるべきだ」と提言しました。当時もいまも、出版の中心は東京です。もっと清張さんに活躍してほしいと思ってのことでした。

松本清張さんは私より22歳年上でした。芥川賞を受賞した頃は43歳になっていました。いまから50年以上前の40代といえば、もう中年です。松本さんは、芥川賞を受賞しても、東京に移住することは考えていなかったようです。当時は、上京するのはそれほど大変なことでした。

けれども一念発起して、まずは勤め先の朝日新聞西部本社から東京に転勤させてもらって、上京されました。

東京・有楽町で初めて会ったときの松本さんの仰天《ぎょうてん》したような顔を、私はいまも忘れることができません。

松本さんは、なぜか私を「編集長」だと勘違いしていたのですが、現れたのがヒョロヒョロした若造で、愕然《がくぜん》としたそうです。

「編集長が東京に来いというから出てきたのに、これからどうしたらいいんだ」

松本さんは、そんなふうに思っていたのではないでしょうか。

それでも、いまさら小倉には帰れません。腹をくくるしかなかったのでしょう。

松本さんが作家として大成することができなければ、彼にとって私は「詐欺師《さぎし》」のようなものですが、そうならずにすんだことは周知の事実です。


なぜ、松本さんが東京に出てくる気になったかといえば、少し、自慢していってしまえば、私の「口説きに落ちた」からです。

もちろん、相手は大作家となる松本清張です。作家というのは、あらゆる視点から物事を見ます。そうでなければ、登場人物のセリフひとつにしても、ピッタリしたひと言を表現することはできません。

そんな人間観察の天才ともいうべき人物を落としたところに、「口説きの技術」

があります。

私が松本清張を口説けたのは、手紙によるところが大きいでしょう。だから、あなたも手紙を書きなさい、といいたいのではありません。時代は変わりました。時代が変われば ツールも変わるのが世の常です。けれども、人の心を動かすものは、どんなに環境が変わっても、変わることはないのではないでしょうか。

私の手紙を読んで、松本清張が「編集長」だと勘違いしたのは、そう思っても不思議ではないものがあったのでしょう。

メールが主流のいまの時代にも、編集者が原稿依頼で手紙を書くことはめずらしくありません。私が代表を務める出版社でも、編集部員がそれをすることがありますが、その際、私が添削《てんさく》することもあります。

手紙には手紙のルールがあります。自分では「そんなつもりはない」ことでも、人によっては失礼になることもあります。

また、ふだん話している分には気にならないことも、手紙に書いてあるとキツい表現になることもあります。

丁寧であればいいかといえば、形ばかりにこだわるあまりに、慇懃無礼《いんぎんぶれい》になることもあります。

こうしたことで致命的なのは、そんな手紙をいくら出しても、相手の心は一向に動き出さないということです。

「私は手紙を書くことがほとんどないので」という人は多いでしょう。

けれども、私にいわせれば、たとえ手紙は出していなくても、メールや、ちょっとした会話で、同じようなことをしている人は、決して少なくありません。

・彼氏、彼女ができない。

・恋愛が長続きしない。

・友だちができない。
・友だちになっても、いつのまにか会わなくなってしまう。
・上司から、なぜかよく叱られる。
・クレームを受けやすい。
・わけもなく担当をはずされた。

このようなことがあったときには、自分の気づかないうちに「口説き」に失敗していたのかもしれないと思ってみることです。

「仕事と口説きは関係ないんじゃないですか」という人がいるかもしれません。

けれども、すべての人間関係は、口説きから始まるように、仕事もまた、相手を口説けるかどうかにかかっています。

うまくいかないのは、うまく口説けなかったからです。

営業でトップクラスの成績を出せる人は、口説きの天才といっていいでしょう。

本人は口説いているつもりがないのに、相手は、勝手に口説かれてしまうのです。

口説くというのは、相手を騙すことではありません。

また自分の利益だけを追求して、うまくいくものではありません。


相手にとっても、自分にとっても、「いいと思うこと」を進めるのに、どうすればいいかと知恵をしぼり、そのために工夫していくことが、「口説き」の基本です。

これを知らないでは損をする。損はしないに越したことはありません。

いままでちょっとしたことで、大きな損をしてきたあなたに、その原因を知っていただき、改善の糸口を見つけていただくことがこの本の目的です。

むずかしいことはありません。

あなたの人生が、より明るく楽しいものになりますようにと願っています。

櫻井秀勲

□目次

第2章 自分の好意を表現する

——出会いの3分間で心を奪う

第3章 ＯＫを先延ばしにしない
――イエスのチャンスをつくる

第4章 関係を一気に深める

――共通の夢で距離が縮まる

第5章 また会いたいと思わせる

――別れ際に何を印象づけるか

第6章

よろこばせる幸せを知る

——女性といい関係を築く

第1章

関心を引き寄せる

自分の価値をどう伝えるか

この人とつき合ったらトクだ、と思わせる

対人関係の基礎は、

（1）自己を知らせる（Self Awareness）
（2）自己を主張する（Self Assertion）
（3）相手を知る（Knowing Others）
（4）相手に合わせる（With Others）

という4つの側面があります。

男で女性に嫌われるタイプは、（1）と（2）は強いくせに、（3）と（4）に

無関心で無神経、というタイプ。つまり相手をよく知ろうともしないし、合わせようともしないことが問題になります。

反対に、好かれる男は自己主張はせず、ひたすら相手を知り、相手に合わせようとします。女性にとっては、たとえ好みのタイプではなかったとしても、一緒にいてもイヤな感じがしないので、自然と好感を抱きます。

これが基本ですが、ただし、それ以上の進展は望めません。多くの男たちは、本を読んで勉強していますが、この基本止まりになってしまうのです。

もう一歩、相手の関心を引き寄せるには、「感動し、同調し、尊敬する」ものがなければなりません。

では、相手を感動させるには、どうすればよいでしょうか。

矛盾《むじゅん》するようですが、「感動」は、計算してどうにかできるものではありません。けれども、意図しないところで、それは突然に起こります。

「感動」というと大げさに考えてしまうかもしれませんが、それは「情緒」と置き換えてもいいでしょう。「共感を引き出す」といったほうがわかりやすいでしょうか。

たとえば、雨に濡れている小犬がいたら、

「かわいそうに」

と素直に思える心です。

熱い味噌汁をひと口飲んだら、

「おいしいね」

といえる心でもあります。

たったこれだけで、女性は「この人とつき合ってよかった」と幸せ感で、胸がいっぱいになってしまうのです。

「女性は胸に不満とうれし涙を同量つめている」

とは私の信念です。

その女性を不満たらたらにするのも、うれし涙を流す素直でやさしい女性にするのも、男なのです。だからこそ私は、女を口説くことに失敗することはない、という信念をもっています。

もちろん、過去に失敗したことは数えきれないほどありますが、それは私にいわせれば、「私という男とつき合わず、損した女性たちだ」ということになるのです。

なぜ、それほど自分に自信をもてるのかといえば、「私とつき合えば必ずトクをする」と思っているからです。

私は口に出していうか、いわないかは別として、

「きみは私とつき合うと必ずトクをするよ」

という姿勢をとります。

「しょってるわね」

と去っていく女性はしょせん、私に縁がなかったのです。

「どういうトク？」

と聞き返してくる女性だけで十分なのです。

営業をやっている人なら、このへんをイヤというほど経験しているはずです。

100人を訪問しても1人くらいしか聞き返してくれません。会社訪問しても、100社に1社、200社に1社の担当者しか聞き返してくれないでしょうし、振り返ってもくれないはずです。

しかし、それでもゼロではありません。積み上げていくことで、5年後、10年後には大きな財産となることは確実です。

男と女のつき合いでいえば、100人に1人というのは、少ない確率ではないでしょう。私がつき合ってきた女性でも、数えきれないほどに達しているくらいですから、あなただってこの信念で迫っていけば、いくらでも、といってはちょっとオーバーですが、かなりの確率になるはずです。

恋愛でなくても、ビジネスで女性を味方につけようと思うなら、ふだんから女性とつき合っていなければ、決してうまくいかないものです。

これは男同士の場合でも同じでしょう。つき合い下手の男が男を味方にしようとして、あわててつき合って成功するでしょうか？　1人や2人の味方はもててても、大勢の仲間が、その人の周りに群れるということはありません。

つまり、多くの人につき合いを拒否される人間には、外見からそのムード、匂いがかもし出されてしまうのです。

女性はとくに敏感で、この男は他の女性にも好かれていないらしい、と直観的に思ったら、危険信号を出して近寄ってきません。もちろん、男の場合も同じで、経験的に信頼されていないようだとなったら、つき合うはずがありません。

相手が落ちる口説きのポイント ☑

「この機会を逃したら損だ」と思わせる

現実の見た目より、3割アップさせる

長身でルックスにもけっこう自信がある。何より、心のやさしいあなたなのに、なぜかモテない。ところが、同僚のブサイク男はモテモテだ。いったい、この差はどこにあるのか、考えてみましょう。

あなたは〝やさしさ〟というものを、じっくり考えたことがあるでしょうか？

イケメンがブサイク男よりモテるのは当然です。

しかし、だからといって、イケメンなら必ずモテるという理屈にはならないところが、女性の微妙なところです。

また、乱暴な男よりやさしい男がモテるのも、至極当たり前のことです。女性は誰だって、やさしい男をよろこぶからです。

しかし、世の中、公式通りにはいきません。成功者や有名人になればモテる、と考えるかもしれませんが、そうともいいきれません。

ところで、女性がよろこぶ男の顔の条件を考えてみましょう。

(1) いつも笑顔であること
(2) 笑うと目がなくなること
(3) 顔があまり長くないこと

この3つの条件がそろっていれば最高。この中の一つでもあれば、モテるはずです。つまり、イケメンでも、能面のような顔では女性にとっては〝つまらない〟のです。

念のためにいえば、顔があまりに長いとなぜ女性がよろこばないかというと、理屈っぽい人が多いからです。

それともう一つ、これは女性の特技なのですが、これを知ると知らないでは大違いだけに、よく覚えておきたいものです。

「女性とは、頭の中で現実を夢に変えられる生きものである」

これはどういうことなのでしょうか？

簡単にいえば、女性はどんなブサイク男に抱かれていても、頭の中ではイケメンに抱かれていると思うことができるということです。夢のような気分に浸っていられるということなのです。

ですから、ブサイク男と自認しているなら彼女を背中から抱きしめるといいでしょう。顔を見せなければ、彼女の夢はいっそうふくらむはずです。

ところが、イケメンは自分の顔に自信があるだけに、まっ正面から抱きしめようとします。

シルエットの浮かぶような場所なら、それもいいでしょう。しかし、明るいところでは、どんなイケメンでも、まっ黒な鼻の穴が見えることだってあります。脂がギラギラ、目が血走っていることだって、なきにしもあらずです。

女性に夢を見やすいように演出できる男が、最後には勝ちを握ることになるのです。

では、夢を見やすいようにさせるには、どうすべきでしょうか？

まず第一に、目をつぶらせることです。

目をパッチリあけて夢を見る女性はいないのですから。目をつぶらせれば、もうイケメンとブサイク男の区別はつきません。

では、目をつぶらせるには、どうしたらいいのでしょうか？

（1）額、あるいはまつ毛にキスをする

（2）目をあけていてもしかたのない闇（まっ暗な空間）に連れていく

（3）会話の中で目をつぶらせる

実に単純な方法でしょう。しかし、こういうことを思いつかない男たちが、いかに多いことでしょうか。

（1）と（2）はわかると思いますが、では（3）の〝会話の中で目をつぶらせる〟には、どうすべきでしょうか？

笑わせるか、恥ずかしがらせるか、簡単な催眠術にかけるかです。

笑えば、誰でも目をつぶるか細くなります。それだけで現実からは遠ざかります。あるいは、ちょっと気を引くような言葉をいってみるのもいいでしょう。恥ずかしがれば目を伏せる。そのとき彼女は、すでに別の夢を見ているのです。

簡単な催眠術とは、

「3秒間だけ目をつぶってみて。違う風景が見えるようになるよ」

「ウソ、そんなことあるわけないじゃない」

「ウソだと思ったら、僕が1、2、3と数えるから、その間だけ目をつぶってごらんよ」

この3秒の間に、キスをすればいいのです。

彼女が怒ってもいいのです。もし怒ったとしても、かわいい怒り方に違いありません。

「ほら、もう風景が違って見えるだろう」

どういう形であれ、暴力と強引ささえなければ、女性は夢を見させてくれる男を拒《こば》むことは絶対にないことを知るべきです。

笑わせてくれる男、意外なことをする男、自分がかつてつき合ったことのないタイプの男には、顔のいい悪いはまったく無関係に、興味を抱くのです。

相手が落ちる
口説きのポイント
☑

笑わせてくれる人を嫌う人はいない

近寄りがたい相手にこそ、近づいてみよう

男と女には、時代によって力関係が異なる不思議さがあります。

戦争によって適齢期の男たちが大勢死んだ頃は、結婚にあこがれる女性たちが数少なくなった青年にとびついたため、男の力はぐっと強くなったものです。

私もその恩恵を少々受けたせいか、女性にそれほど臆病ではありません。ところが現在のように、女性の数より男の数が多くなると、なんとか女性に好かれたいという思いが切実となり、ひいては女性に臆病になってしまうのです。

たとえば、年上の女性や、自分よりも明らかに収入が多そうな女性には近寄りがたい、という男たちは多いでしょう。

学生時代の成績を比較しても、いまは男子よりも女子のほうが圧倒的に勝って

いる、ということもあるでしょう。つまり学力でも、女子には頭が上がらないというわけです。

これでは、口説こうにも口説けない、というのも理解できます。しかし、女性を口説けないような男では、仕事もできるはずはありませんし、女性の部下をもってもうまく使いこなすことはできないでしょう。

周りを見渡してみると、いい女性と連れ立って歩いている男がいるはずです。このようなカップルを注意深く見ていると、いくつかの相違点に気づきます。

(1) 男より女性のほうがさっそうと歩いている
(2) 男の腕に女性がぶら下がっている
(3) 仲よく腕を組んで歩いている

簡単な見分け方をいえば、女性を先に立てて歩いている男は臆病型です。

この組み合わせは10組中1組ぐらいはいるそうです。そこで臆病タイプの男は、なんとか自分の性格を改めなくてはなりません。

もちろん臆病タイプでイケメンなら、年上の女性に好かれる可能性があります。近頃では、10歳近く年下の男と結婚する、大胆で経済力のある女性が出てきました。いざ離婚となっても経済力があるだけに平気なのでしょうが、こういう逆玉の輿《こし》に乗れる男は少ないはずです。

そこで思いきって、女性と遊んでみることです。

女性を知るには、近づかなければ不可能です。若いうちは思いきって、女性にお金を費やすのです。

学者が本にお金を使うように、男が女性にお金を使わなければ、基礎ができない道理でしょう。

私が女性誌の編集長を何十年と務めてこられたのも、独身の頃に給料のほとんどを女性とのつき合いに使ってきたからなのです。

いまは女性に関する仕事で、費やした分の何倍、何十倍も回収しましたが、そうしなければ、どんな女性とのつき合いもむずかしいものです。

私の方法は、学生、ＯＬ、主婦、ホステス、女優、デザイナー、ＣＡなど、あらゆる職業と階層の女性とつき合うことでした。

おもしろいことに、１人とつき合っていると、次につき合う女性が必ず出てきます。

そうやっていくうちに、どの階層にはどういう話が合うかもわかってきて、次第に自信をもてるようになります。

たまには誘惑してみてもいいでしょう。そのうちに自分の体から発散する〝気〟が華やかになり、女性は鋭《するど》い嗅覚《きゅうかく》で、この男性は危険そうだけど楽しそうだ、ということで大勢寄ってくることになるのです。

断っておきますが、人畜無害な男には女性は絶対寄ってこないのです。

女性をターゲットにしたビジネスでも、女性は単に商品を買うだけではなく、商品を売る男に注目するだけに、魅力がなければならないのです。
それはなにも背が高くてイケメン、ということではありません。
ひと言でいうならば、女性をH好きに落とす匂いなのです。
楽しませて堕落《だらく》させるような男であれば最高でしょう。
そのためには、まじめすぎたり臆病であっては、どうにもならないのです。

相手が落ちる口説きのポイント ☑

女性に使うお金はケチらない

女性が近寄りやすい雰囲気をつくる

「る自分」と「られる自分」という、2種類の〝私〟があることは、あなたも知っているでしょう。

「る自分」とは、自分が思い込んでいる自分であり、「られる自分」とは、他人から見られている自分です。

私は若い頃、文学青年で〝人生をいかに生くべきか〟に悩んで、トルストイという作家に傾倒し、原語で読破したいと東京外国語大学のロシア語学科に入りました。つまり自分では、深刻に人生を悩む青白きインテリのように思っていたのです。

ところが、社会に出ると、

「櫻井さんって、おもしろい人ね」

と近寄ってくる女性が多く、

「ね、ね、遊びにいこう。どこかおもしろいところに連れてって」

と、ねだられる始末です。

自分では、ほの暗い電灯の喫茶店で、文学や恋愛を真剣に語り合えるような女性の友だちがほしかったのですが、そういう女性は意外にも寄ってこなかったのです。

なぜ、かくも希望と現実が違うのか？

あるとき女性に思いきってたずねたら、

「だって、櫻井さんって声が大きいんだもん。ひそやかにささやく恋なんて、できるタイプじゃないわ」

というではありませんか。

たしかに私の声はよく響きます。

このとき私は「る自分」と「られる自分」が、いかに落差が大きいかを思い知らされたのです。

私がほしい恋人のタイプとは違いましたが、以後、私は女性に不自由することはありませんでした。

これは、もう一つ大きな教訓を含んでいます。

女性が近寄りやすい男は、文学性を内包しつつ、外面は明るいタイプだ、という事実です。

偶然、私はそういう人間であったために、以後、女性誌の世界でやってこられました。

ところが、世の中には女性が苦手、女性がついてこない、女性を口説けない、という男が大勢います。

自分では一生懸命努力していると思っているのでしょうが、たぶん「られる自分」を知らないのです。

結果がすべてのビジネスの場では、努力が評価されないように、女性社員に好かれようと、一生懸命努力すればするほど逃げられてしまうことだって大いにあり得るのです。

反対に、ふだんからフラフラしているのに、女性社員に妙に人気のある男がいるとしたら、こちらのほうが結果として成績を上げることになるでしょう。

これが女性を使う立場や営業職であれば、天国と地獄の差となって表れます。

女性を口説けるか口説けないかを知る方法に、7、8人の女性を集めて飲み会などの集まりを開いてみるとわかります。

私が女性誌の編集長時代には、読者調査といって女性たちを集め、いろいろな意見を聞く会をもったものです。

このとき司会役として部下にとり仕切らせるのですが、女性に好かれるタイプは話がうまく流れていく一方で、嫌われるタイプはバラバラになってしまい、収拾がつきません。

これは、自分が今日集まっている女性にどう見られているかを知って、それに不都合なく合わせられるタイプと、自分自身を頑固《がんこ》に守って、周囲の状況に合わせられないタイプの差が表れた結果といえます。

しかし、うまく話が流れるだけでは、好感はもたれてもそれ以上には進めないのです。これは女性に対してだけでなく、男たちの場合でも似ています。

7、8人の女性を自由に扱える男は、ファンづくりができる男であり、ひいては人の上に立つことができる男なのです。

ファンにしてしまう能力とは、雰囲気の魅力です。いわば相手を〝信者〟にしてしまう魅力があるといっていいでしょう。

相手が落ちる
口説きのポイント

「ひと筋」にこだわらない

ふっと見せる男の弱さに女心は揺れ動く

あなたは愚痴をこぼすのは、男の弱さだと勘違いしていませんか?

愚痴っぽさは女性の前で絶対に見せてはいけませんが、弱さは、ときに見せたいものです。

それは言葉ではなく〝動作〟なのです。

いつもはバリバリやっている男が、バーの片隅でひっそり一人で飲んでいた、としましょう。それを同じ職場の女性が見たら、たちまち好きになるはずです。

「かわいそう。彼はやっぱり強いだけじゃなかったのね」

と、彼女は胸をときめかすのです。

女性が男に期待する〝強さとやさしさ〟は、非常に矛盾しているように見えます。

強い男がやさしい一面をもっているのはまだわかりますが、やさしい男が強い一面をもっているとは考えられません。

しかし、男が考える強さ、やさしさと、女性が考えるそれとでは大きな違いがあります。

強さとは暴力的なものではなく、竹のように折れない強い意志力と我慢強さ、と考えるべきでしょうし、やさしさとは柔弱《にゅうじゃく》ということではなく、他人に対する心配りと控えめな態度と考えていいでしょう。

それに対して弱さとは、もろい心、こわれやすい心と解釈できます。誰かそばにいる人がそっと手を添えてやらなければ、崩れてしまいそうな心とでもいいましょうか。

あの強気なナポレオンも、夜は夫人の胸にしっかり抱きついて眠りについた、という話が残っていますが、だからこそ、妻は自分が夫の役に立っているという、自信と自負ができるわけで、男と女の間には、こういう関係があるほうが幸せなのです。

破滅型作家、太宰治《だざいおさむ》の写真を見ていると、目を伏せている写真が多いことに気がつきます。どこか気弱でシャイなところがあります。

女性はそういう男を見ると、母性本能を刺激されて抱きしめたくなるものです。そういう人物が写真に撮られると、なんとも気弱で寂しげに写るものです。女性はヤクザのような強い男にあこがれる反面、こういう弱さを見せられると、ついフラフラッとするところがあります。

むろん、ここでいう弱さとは演出された弱さをいっているのであって、ほんとうに弱い人間がそのダメな弱さをさらけ出しても、女性は決して感激しないものです。だから基本的に、男は強くなくてはダメだということです。

日頃強い男がかいま見せる弱さ、寂しさ。そういうものが女性をしびれさせるのです。

職場で女性社員に人気のある男性上司のほとんどは、このタイプです。ときに女性社員に仕事上で助けを求めることがあります。

そんな弱さを見せるからこそ、女性社員は一生懸命手伝おうという気になるのです。

「そんなことはイヤだ。女に弱さを見せるなんて、男として我慢できない」

こういう考えの人は、女性の本能を知らない人です。男同士の世界は強がり専門でいいのですが、女性には母性というものがあります。これをくすぐるには、弱いほうが絶対にトクなのです。

相手が落ちる口説きのポイント

女性には弱みを見せる

相手の利益と虚栄心を満たせる男になれ

女性は華のある男に惚れ込みます。年齢に関係なく、モテる男に共通するのは、華やかな挙措動作《きょそどうさ》と言葉にあります。

「挙措動作」とは立ち居振る舞いのことですが、何かキラキラ輝いている……そこが女性にとってたまらない男の魅力なのです。

なにも一流大学を出ていなくてもいいのです。一流会社の社員でなくてもかまいません。

この華とは、わかりやすくいえば自信なのです。

自分の生き方に自信を抱いている男には、その匂いがわき立ちます。それを女性は嗅《か》ぎ分けるのです。

ふだんから女性とつき合っていると、いつのまにか女性に対して自信めいたものが備わって、それが初対面の女性にも伝わるのです。

また、この女性には丁寧語で話さなければいけないとか、ざっくばらんにいくべきだ、というカンが鋭くなってきます。

だからこそ、女性たちはよろこんでつき合うようになります。そのうえ、その男が女性の望んでいるトクを与えてくれるとしたら、逃げていくわけはないのです。ここは非常に重要なところです。

では、女性が望むトクとはどういうものでしょうか？

ズバリいえば、「快楽」「利益」「虚栄」の3点です。

これはフランスの哲学者ディドロが発見した「女性の真理」です。この3点がなければ、女性は一日たりとも満足できないと見抜いたのです。

快楽とは、会話の楽しさ、味覚の楽しさ、セックスの楽しさです。

セックスの楽しさは置いておくとして、まず会話と食事に集中するだけで、女性はたいへんなトクをしたと思うでしょう。

利益とは、金銭、物欲、情報欲で後《おく》れをとらせないことです。

好きな彼女には、心が通うものを贈るべきです。また、あなたがもし営業担当であれば、特別サービスをしたり、とっておきの情報を惜《お》しげもなく与えることにつきます。

虚栄とは、その男とつき合っていることを誇らしげに思わせることです。

快楽が内面性であれば、虚栄は外面性です。

女性は外見にこだわるだけに、どんなに節約型であっても、虚栄と見栄をおろそかにしてはならないものです。

簡単な例でいえば、プレゼントは必ず他人の目に触れるものにすべきです。

たとえば、花束をもっていれば他人が振り返ります。

指輪は四六時中つけていられるだけに、最高のプレゼントなのです。

ブローチはコートや上着につけるだけに、脱いだら他人の目に触れなくなります。そこでブローチを贈るくらいなら、ネックレスのほうが断然トクだ、とわかるでしょう。

なにもプレゼントに限らず、コンサートに行くのだったら、2回を1回にしても、もっともいいS席にいくべきなのです。

こういうところに気がつく男だったら、女性はいつまでもつき合ってほしいと願うに違いありません。

女性は考えようによっては厄介《やっかい》な生きものです。いちいちこんなことまで考えなくてはつき合えないのだとしたら、面倒くさいと思うでしょうが、むしろプラス思考でいこうではありませんか。

厄介な生きものではなく、かわいい生きものだと考えれば、結局、トクをさせつつ、今後は利益が男側に返ってくることになるではありませんか。

ところで、女性がかわいい生きものだからと、図々しく出てはいけません。何度もいうように、女性は目に見えない雰囲気を嗅ぎ分ける特別な能力のもち主であるだけに、図々しい男は必ず嫌われます。

その図々しさは、文学性の欠如によって表れます。やさしさを含めた感動と情熱は、人それぞれによって異なりますが、何かセンシティブな趣味嗜好《しこう》をもたない限り、自然と出てはこないものです。

もし、あなたが文学性が足りないと思うならば、音楽、小説、絵画、写真、マンガ、何でもいいですから、一つだけのめり込む趣味をもつことです。必ずそれがいい結果を生むはずです。

実は私が女性の専門家になれたのは、この文学性をもっていたからです。

女性は物語が好きです。

それは小説でもマンガでもかまいません。

なぜ好きかというと、女性そのものが物語の主人公だからです。

そこで文学性をもった男に寄ってくるのです。いまからでも、文学や小説、劇画などを勉強することです。

よく「1押し、2押し、3に押し」といいますが、ただ図々しさだけで成功することは絶無です。

まず、やさしさが隠れていての押しでなければ、女性をモノにすることは不可能であることを悟《さと》ってほしいのです。

相手が落ちる
口説きのポイント ☑

図々しくするだけでは相手の心は開かない

第2章

自分の好意を表現する

出会いの3分間で心を奪う

具体的なイメージがわく表現で話す

いまから相当前ですが、栗原すみ子さんという易者がいました。

長い間、東京・新宿の伊勢丹百貨店の脇で女性の運勢を鑑定していましたが、彼女と会ってよく聞いてみると、相談者は、運勢より身の上相談に重点を置いていることがわかりました。だからこそ何回も同じ女性がくるわけで、つねに大繁盛という結果になるのです。

彼女は占うときに座ってはいませんでした。相談者と同じように立ち上がって、内緒話をするようにヒソヒソと話すのです。これで易者と相談者というより、より親密な関係になったのです。

では、身の上相談的に話せば、どの易者にも長蛇の列ができるものでしょうか？

そんなことはありません。

「結婚は遅いほうがいいですね」

という答えでも、たしかに身の上相談的ですが、〝遅い〟というだけでは女性にはピンときません。

そこで、

「25歳までのお相手とは、結婚しないほうがいいですね」

といえば、現在つき合っている彼とは別れたほうがいいのかしら？　と具体的にイメージがふくらんできます。

「もう一度いらっしゃい。どういうお相手なのかくわしく話してくだされば、もっと具体的にお話しすることができますから」

と説明すれば、親切な易者だ、と何でも相談できる親しみを感じるでしょう。

ところが、男というものは具体的に説明する場合でも、正確さを期するためにイメージがわかない表現を使う人が多いのです。

「平成24年の5月には……」

といわれても、女性にはピンときません。それより、

「5年前の5月……」

といわれるほうが、「ああ、就職した頃だな」と具体的に思い出せるものです。

それは女性はつねに、現在位置と現時点からスタートする習性があるからなのです。

たとえば、ある女性が長年、東京の中野に住んでいるとしましょう。この女性が渋谷にある会社に入社したとして、そこから社用で大手町や六本木に行くとなると、どの路線を使っていいか混乱するものです。

自分の家からならどこへ行くにしても自信があるのに、会社からとなると、東京の地図がわからなくなってしまうのです。

別の例で、「また会いましょう」という表現をしたとします。

男はこんな適当な表現でも我慢しますが、女性にはイメージが浮かびません。

「今夜また電話します」

などと、あなたがいったとしたら、あとで相手の女性は、

「なんていいかげんな人なのかしら」

と、必ず非難するはずです。

「今夜また」という表現では、うっかりトイレにもいけないし、お風呂にも入れません。

「今夜、8時に電話します」といってくれれば、その頃待っていればいいだけに、安心して食事もできるし入浴もできるでしょう。

とくに最近は突然電話するのは失礼で、これから電話していいか、ラインやメッセージで問い合わせるのがマナーになっているほどです。

相手が落ちる口説きのポイント

曖昧な表現はトラブルのもと

ジャケットを着るだけでポイントが上がる

私は若い頃、作家担当としてくる日もくる日も、作家のお宅にうかがっていたものです。何しろ、その頃は大衆雑誌の駆け出し編集者だったので、大作家ともなると会うだけでも容易ではありません。

ほとんどは玄関先で、秘書や夫人から丁重に断られるのが当たり前でした。そんなとき私は、大衆雑誌はしかたがないとして、いかに自分を高く売るか、を必死に考えました。そこで浮かんだのが服装だったのです。

それも、ただオシャレをするということではなく、相手に合わせた服装でいってみようと思ったのです。

たとえば、時代小説や難解な小説を書いている作家のお宅にうかがうときは暗い色調。ユーモア小説や若者向け小説の書き手に会うときは、やや派手な服装。モダンな家に住んでいる先生には、しゃれたネクタイ……など、苦しい月給をやりくりして、服装に金をかけたのです。

驚いたことに、これで先生にお目にかかれる回数が増えたのです。

なぜでしょうか？

作家のお宅は夫人が牛耳《ぎゅうじ》っているところが多く、その夫人のおめがねにかなわないことには先生と話ができないことがあるのです。

また、よしんば先生と話ができても、夫人に好かれなければ、以後出入りがうまくできなくなります。夫人はさすがによく知っていて、夫とウマが合うかどうか、服装で見抜く術を心得ているのです。私はこのときの経験から、服装の重要性をまざまざと認識したのでした。

「馬子《まご》にも衣装」ではありませんが、私自身、訪ねてくる若い男が私に合わない格好をしていると、話がいいかげんになる場合があります。

決して服装そのもので点数を上げたり下げたりするわけではありませんが、男のもつ女性的感情がそうさせるのです。相手が女性ならなおさらでしょう。デートのときでも、ホテルのロビーで待ち合わせをしようと約束した日に、男がジーンズなどラフなスタイルでくれば、女性は必ずイヤな顔をするはずです。彼女は当然、精いっぱいオシャレをしてくるだけに、感情的にピッタリ適合しないのです。

逆に、そのへんのカフェで待ち合わせたのに、男がビシッと決めてきたら、女性は自分の服装にコンプレックスを抱いてしまいます。

下町を歩くときならそれなりのラフな服装が望ましいし、逆に高級住宅街を歩くときだったら、それなりの決め方が正しいのです。

とはいえ、そんなにたくさん洋服をもっている男がいるとは思えません。そこで女性の心理特性からいえば男のどこを一瞬のうちに見るか、を知っておくことが肝要です。

女性心理からすると、男の真正面を上から下へと観察する性質があります。「髪」「メガネ」「ひげ」「ネクタイ」「下腹部」「脚線」「靴」が7つの観察ポイントです。

これでいくと、腕時計、カフス、鞄は除外されます。いいかえれば、この3点にお金をかけている男は、女性の基本的な人物観察に関係ないので、金持ちに見られるか、キザな男と見られるか、のどちらかとなるのです。

ここは非常に重要です。

もう1歩進んでいえば、肝心の7つのポイントより、この3点が目立つ男は、最低に見られてしまうことを覚えておくことです。

ましてや指や腕に、金製品のアクセサリーをつけていては、遊び人と間違われる恐れもあります。

まず、基本の髪とひげは手入れをしておくこと。

一般論でいえば、不精ひげは絶対マイナスです。

なかには、「不精ひげが好き」という女性もいます。しかし確率的には多くありません。タレントのような職業でなければ、やめるほうが無難です。

ネクタイにはお金をかけると、品が上がります。ふだんはノーネクタイで通している人も、ネクタイを締めるときは、センスをよくすることを心がけていきましょう。

脚線とはパンツ、ボトムの細身シルエットを指します。

靴は、汚れたままで何日も履かないこと。女性の目だけでなく、上司や取引先、ホテルや高級レストランでは、どんな靴を履いているかで、力量を判断されてしまうことがあります。

相手が落ちる
口説きのポイント
☑

一緒にいる相手に恥をかかせない

自分に自信のある表情を一つだけ覚えておこう

女性が胸を揺さぶられる男の写真は、視線がやや落ちて、まつ毛が長く見える角度のものだといわれます。この姿勢は読書をしているときのものと同じですから、1枚ぐらい写真を撮っておくといいでしょう。

このように、一瞬の間に女性心理をとらえるには、強さを誇示するより弱さ、やさしさをアピールしたほうが断然トクです。

あなたは、手鏡を使って自分の横顔を見たことがありますか？

男が自分の顔を見るというと、壁にかかっている鏡を使うのが普通ですが、それだと正面からしか見えません。

そこで手鏡を使って左右、うしろ姿を研究するといいでしょう。

これによって、自分の横顔は左右のどちらが映りがいいかもわかります。

俳優は鏡を前にして発声の練習をしますが、これもどの程度顔を上げたら明るい声になるか、下げれば暗くなるかを研究するわけです。あなたも、ひまを見つけて自分の表情を研究してみるといいでしょう。彼らはカメラマンにさまざまな角度から自分の表情を撮ってもらい、人と会うときの参考にしているのですが、あなたも自信のある表情を一つだけ覚えておくことです。

表情には視線がつきものです。視線により人に与える印象はさまざま変わり、それは正面5種類、斜め目線4種類に分けられます。これを覚えておくことも重要です。

〈正面の視線の印象〉

（1）まっすぐ前を向く目は、安らぎ、安心

（2）やや上に目を上げると、考えている風情

（3）もっと上を見る目は、冷酷、知らんふり

（4）やや下に目を伏せると、計算中
（5）足元を見る目は、悲観、落胆

〈斜めに目を動かす視線の印象〉
（1）真横に視線を移すと、野心
（2）下を向いて横に目を移すと、恐れ
（3）顔を上げて目だけ横下に移すと、軽べつ
（4）顔を上げて斜め上を見る視線は、不安定

このように、視線ひとつにも人に与える印象は変わり、私たちは気づかないうちに、そうした視線を相手と交わしているのです。これは逆にいえば、相手の心の中を推測する手がかりにもなります。

ある商品を買うべきかどうかと悩んでいるときの、客の視線を考えてみましょう。

（1）まっすぐ売り手を向いているときは、希望あり
（2）やや上に目を上げているときは、考慮中
（3）もっと上を見ているときは、希望なし
（4）やや下を向いたときは、値段を計算中
（5）足元、手元に目を落としているときは、買いたいが高価すぎて落胆中

このように読みとることができます。

基本的に斜めから視線を流すしぐさは、商品ではなく人間に対してのものと考えるべきです。これは相手が女性でも男性でも同じです。

（1）真横に視線を動かしてくるのは、満足
（2）下を向いて横に目を移すのは、あなたに恐怖感を抱いているので注意

（3）顔を上げて目だけ斜め下に動かすようなら、軽べつされているので無理
（4）顔を上げて斜め上方に視線を移すときは、あなたを信用すべきかどうか考慮中なので、もう一歩迫ってみる

これだけ読みとれるだけに、自分の表情だけでなく相手の表情を研究すると、ずいぶんトクすることになります。

電車の中やカフェでも、なるべく他人の表情を盗み見て勉強するといいでしょう。それだけで女性の表情も読みとれるようになりますし、だいいち、女性の前でしてはならない表情がわかるようになるはずです。

一例をあげれば、眉間にタテじわを寄せるような暗い表情は絶対しては損です。

相手が落ちる
口説きのポイント ☑

自分の左右、うしろ姿を研究する

人は自分に好意をもってくれる人に弱い

女性の生物学的性差に目を向けたとき、絶対的なものとして表れるのは、女性が「受け身の性」であるということです。

女性の心の扉を開く3大原則の一つに「好意を示す」がくるのは、この「受け身の性」であることと、密接にかかわっています。

「受け身の性」に対して、なぜ「好意を示す」ことが効果的なのでしょうか？

これには3つの理由が考えられます。

第1の理由は、受け身の立場は基本的に弱い、ということです。

花でも開ききったとき雨が襲ってきたら、せっかくの受精期を逸することになります。弱いものほど防衛意識が強くなるのです。だから人間の場合には、まず心理的に警戒心をといてやらなければなりません。

「好意を示す」ことは、警戒心の衣を脱がせるための最初の手続きなのです。

この最初の手続きをはぶいてしまうと、その先どんなに努力をしても、相手の心を開かせることはできません。むしろ努力すればするほど、警戒心を抱かせることになってしまいます。

第2の理由は、受け身の女性は基本的に「選ばれる側」にある、ということです。

現代の女性は男を選ぶ立場にありますが、これは心理的に優位に立っているだけで、生物学的には依然として「選ばれる側」にあることに変わりはありません。

選ばれる前提は、相手が好感をもってくれることです。

好感をもてば好意を示します。女性が好意に敏感なのは、相手に選ばれる最初の兆候が、そこに表現されるからです。

受け身でない男の場合は、必ずしも選ばれる必要はないのです。

こちらが選べばいいと思うので、相手の示す好意に、それほど敏感に反応しません。

第3の理由に、自己の重要感、ということがあります。

重要感を求める気持ちは男女ともにありますが、受け身の女性は、それを満足させる選択肢が男に比べて少ないのです。

女性がお世辞やベネフィット（おまけ）に弱いのは、それが重要感を味わえる数少ない機会だからです。

これら3つの理由によって、女性は男から示される好意というものに、きわめて敏感に反応します。

したがって、女性の心の扉を開くには、まず何よりも先に、こちら側の好意を相手に示すことが大切になってくるのです。

好意の反対は悪意です。あるいは敵意といってもいいでしょう。

相手が男であれば、こういうものでも動かすことができます。

たとえば、男はバカにされて発奮することがあります。あるいは不利益を被《こうむ》って、目が覚めることがあります。

男に必要なのはむしろ刺激であって、刺激の強弱がものをいうのです。

だから、男は叱って育てることができるのです。

脅《おど》かして伸ばすことができるのです。

追いつめて能力を発揮させることができるのです。

だが、女性にこういう方法は通用しません。やれば必ず逆効果になってしまいます。

女性には、愛のムチすら滅多に通用しないことを知るべきでしょう。

男は愛のムチどころか、本物の悪意でも自分の中にとり込めるのに、なぜ女性はダメなのでしょうか?

このことも、男女間の生物学的性差で説明することができます。

ひと言でいえば、それは感覚器官における感受性の違いといっていいでしょう。

人間の五感（視覚、聴覚、味覚、嗅覚、触覚）のうち、男は視覚を重視します。獲物《えもの》を見つけ、敵を識別するのに、もっとも役立つのは視覚です。

それだけに、視覚をほかの何よりも重視する傾向が男にはあります。

好ましいものの判断、たとえば女性の選択でも、男は視覚を重視します。視覚を越えて、聴覚や触覚、嗅覚で女性を選ぶ男はまずいません。

だが、女性は男を好きになる理由として、

（1）「声にしびれる」（聴覚）
（2）「葉巻の匂いが好き」（嗅覚）
（3）「胸毛がたまらない」（触覚）

などと、視覚以外の感覚をあげることもめずらしくありません。五感において、男と女はこれだけ差があります。

また、男は幼児の泣き声、糞便の臭いに耐性はありませんが、母親はまったく意に介さず、それどころか、むしろ親しんでいるようにさえ見受けられます。あるいは、幼児への頬ずりなども女性はよくするのに、男は父親でも滅多にしません。これらはすべて感覚器官における、男女の感受性の差なのです。

感覚器官の中で男が視覚重視なのは、現実を直視するからです。

女性はリアルな現実よりも、むしろ感覚的な心地よさ、平和、安心感を求めます。そのためなら目をつぶってもいい、耳をふさいでもいいと思っています。「お前のためだ」といってムチを受けるよりは、ウソでもいいから、自分に心地よいことを示してもらいたいのかもしれません。

女性が相手の好意に敏感なのは、あらゆる感覚器官を動員しても、心地よさ、平和、安心感を求める気持ちが強いからなのです。

このように、女性を動かすには、まずこちらから、相手の心をほぐすことしかありません。こちらから笑顔を見せたら、ふくれっ面をする女性はいません。「おはよう」といって知らん顔の女性もまたいないのです。

好意は好意を生みます。

「互譲《ごじょう》・互恵《ごけい》の法則」とでもいいますか、その意味で、男は何をおいてもまず最初に、女性の心の扉を開くために好意を示すことが必要なのです。

職場でいうなら、笑顔で自分から声をかけたり、「今日の服、素敵ですね」とか「いつもきちんとしてますね」とか、積極的に好意を示すようにするといいでしょう。

相手が落ちる口説きのポイント ☑

女性は「おまけのひと言」に弱い

最初の3分間に一つでも多く好意を投射しなさい

女性たちとの長いつき合いの中には、うまく口説けたケースと、まったく失敗したケース、いろいろあるでしょう。

私にしても、せっかくフランス料理の高級な席に案内したのに損をした、というような経験はいくらでもあります。

なかには、食べはじめて5分間ぐらいで、これはダメだ、とわかってしまう場合もあったほどです。

しかし、あとでじっくり考えてみると、5分どころか3分もしない間に勝負が決まってしまった気がします。

〝なぜだろう？〟と勉強した結果、理由がわかったのです。

それは〝投射の心理〟を知らなかったということです。たとえば、ある女性を好ましく思ったとします。

そのとき、かた苦しい表情をしていては、相手は防御姿勢になってしまうのです。こちらの表情や姿勢が、相手の心の鏡にプラス反応しないのです。

そこで「好きだ」と思ったら、体をはずませるようにし、うれしそうな顔をしてみせるのです。

〝この人とつき合いたい〟という思いを、にっこり笑ってみせる態度でぶつけてもいいでしょうし、何か言葉にしてもいいでしょう。

ある課長は女性社員に人気があります。

この課長は、朝、出社すると、自分から「おはよう」と挨拶するのですが、たったこれだけで女性社員に好かれているのです。

これは、女性社員のほうが〝この課長は私たちに好意を抱いている〟と受けとめるため、知らずしらずのうちに、好意の投射を行ってしまうからなのです。

〝この女性とは、うまくいかないな〟と、男が直観的に思うときは〝好きではない〟という心理が女性に投射してしまうため、反射的に女性もそういう気持ちになってしまうのです。

「汗かきは女性に好かれる」

あなたは、このことを知っているでしょうか？

汗は一生懸命の表れ、と女性は考えるからです。

「お待たせしました」

というひと言でも、涼しい顔でいわれるより、汗をふきふきいわれたほうが、女性は男の誠意を感じます。

これは、最初の3分間に一つでも多く好意を投射せよ、ということなのです。

女性はケチな生きものといわれますが、「言葉」だけより「言葉プラス汗」をうれしがるのです。

ケチとは、なにも金銭面だけをいうのではありません。

一つより二つ、少ないより多いほうに好意をもつのは当然でしょう。

最初の3分間が勝負というのは、その3分の間に、好意という投射を一つでもよけいに与えなさい、ということなのです。

あなたが営業部の人間なら、

「相手に頭を下げる」

「挨拶をする」

「手土産を出す」

「マナー違反はしない」

「恐縮する」

「時間に遅れない」

「お世辞をいう」

「にっこりする」

「キョロキョロしない」

「イヤな臭いをさせない」

「汗をふく」

……など、一気にぶつければ、少なくとも悪意は抱かれないでしょう。

同じように、最後の3分間も大切です。それは、

（1）最初も好意をもてなかったが、最後ももてない
（2）最初は好意をもったが、最後はもてなかった
（3）最初は好意をもてなかったが、最後はもった
（4）最初も最後も好意をもてた

この順番に好意度が上がっていくからなのです。最初がどんなによくても、最後が悪ければ勝負にはなりません。

「それじゃ」

「今度また」

前にも書いたように、この二つのセリフは、女性には最悪の言葉なのです。

男同士では何気なく使っていますが、〝女性心理〟を活用しようという男が、最後の3分間に使う言葉ではありません。

なぜでしょうか？　この言葉は〝いいかげん〟と受けとられるからです。

「それじゃ」「今度また」には、何の具体性もありません。「それじゃ、これで終わり」なのか、「今度またとは、いつ」なのか、さっぱりわかりません。

女性には具体的にはっきりわかる言葉を使わないと、つき合ってくれません。

いいかげんな言葉を使う男は、いいかげんな男である、と女性は思ってしまいます。最後の3分間にもう一度、具体的な言葉で次のチャンスをつくりましょう。

相手が落ちる
口説きのポイント

「言葉プラス汗」で好感度が上がる

“5W1H”の会話術でプライドをくすぐる

「あなたは今回、応募総数○千人の中から選ばれました」

メールやDMなどで、よくこんな詐欺的手法が使われますが、これが社会的問題になるというのは、騙される人がいかに多いか、ということです。

なぜ、こんな見えすいた手にやすやすと乗ってしまうのかといえば、人には誰でも優越感をくすぐられたい気持ちがあるからです。

お世辞だとわかっていても、いわれて怒る人は絶対にいません。

仕事をもって、その会社が一流である、あるいは課長や部長であるなどの役職についていたりすれば、社会的な誇りといえるものがあるものです。

けれども、そうした誇りがないという場合には、頼れるものは自分だけということになりがちです。

独身女性の心理としては、普通の立場であれば、称賛は自分自身に与えられるものであり、だからこそ、おだてられているとわかっていても、ついそれに乗ってしまうのです。

子どもがいい学校にいっているとか、弁護士や医師など、社会的なステイタスが高い職業についているなども、プライドをくすぐられますが、誰にでも当てはまるというわけにはいきません。むしろ、そうしたステイタスがないことにコンプレックスを抱いているかもしれません。それだけに、その人個人の美しさ、知性、装いなどをほめる、ということが重要になります。

私はよく、女性にこんな質問をします。

「いま、どんな雑誌や本を読んだら、ファッションの勉強になりますか？」

これは知性、教養面のプライドをくすぐる基本形ですが、さまざまに応用することができます。

「どこへいったら、こんなにオシャレな小物が買えるんですか？」

と聞くこともできますし、

「いまだったら、どの映画がいいでしょう？」

ということもできます。もう一歩広げれば、

「どうしたら、奥さまのようなすばらしい方になれるでしょうかね。うちの女房にも教えてほしいですよ」

と優越感をくすぐるようにもできます。

会話には「5つのWに1つのH」が必要ですが、プライドをくすぐるにも、この形が応用できます。

「誰があなたをこんなに素敵にしたんでしょうか？」……………（Who）

「どんな本を読まれているのでしょうか？」……………………（What）

「どこで、素敵な彼と知り合ったんですか？」…………………（Where）

「いつ、勉強していらっしゃるんですか？」……………………（When）
「なぜ、こんなにも出来上がりに差が出てしまうのか」…………（Why）
「どうしたら、あなたのような美しい髪になれますか？」………（How）

この種の質問には、こちらが低姿勢であることがうかがわれます。

相手を理解（understand）するには、こちらが下手（under）に立つ（stand）ことが必要ですが、だからこそ相手がよろこぶのです。

そこで、「相手が心理的に誇りを抱いているのは何か？」——これをまず探し出すのです。

ある日、私がうかがった作家のお宅で、料理のいい匂いがしていたので、

「おいしそうな匂いがしていますね」

といったところ、料理好きの奥さまの心をくすぐって、あとはとんとん拍子に原稿をいただけた、ということもありました。

マニュアル通りにやっていたら、こうはいかないのです。

まず、最初の3分間で相手の「プライド」、つまり「outstanding（すばらしい点）」を探し出すことが肝心です。

アウトスタンディングとは、みんなが「並んでいるところ」から「飛び出る」という意味で、心理的な誇りをもっている特技、プライドを指します。

これを探し出せば、もうこちらのものです。

相手が落ちる口説きのポイント

相手の優越感をくすぐる

美人を前に臆病になってはいけない

男は、なぜ美人に対して臆病になるのでしょう。あなたもそうではありませんか？

私も若い頃は美人と一緒にいるだけで、少しアガってしまったものです。

しかし、臆する気持ちが少しでもあっては、近づくことさえ困難でしょう。

では、なぜ臆病になるのでしょうか？

それは、美人には「威信《いしん》効果」があるからなのです。

たとえば、不美人と歩いている男と美人と歩いている男を比べると、一般的には美人連れのほうが、自信に満ちているように見えるはずです。

また実際に、『なぜ美人ばかりが得をするのか』といった本もあるほどで、美人のほうが社会的、経済的に恵まれた結婚をしているのです。

つまり、美貌は高い経済交換価値をもっているだけに、それほどの高い地位と経済力をまだもっていない若い男には、高嶺《たかね》の花と仰《あお》ぎ見る存在となってしまい、なかなか近づこうにも近づけない結果となります。

もちろん、こちらに経済力、名声があれば堂々と近づくことはできますが、もし、低所得の会社員であってはむずかしいでしょう。

また、美人は自分が美しいということを先刻ご承知だけに、なまじ美貌をほめても「ありがと」のひと言で終わってしまいます。

とはいえ、こちらがイケメンであれば、金と力がなくても十分可能性がありります。

なぜなら、彼女たちのお相手はぐっと年上だったり、頭のハゲたずんぐり男だったりという場合が多いので、イケメンでスタイルのいい若い男にあこがれる心理が隠されていることがあるからです。

ことによると、年上の美貌の女性にかわいがられるということもあるかもしれませんので、自分を恥じることなく振る舞うべきでしょう。

しかし、現実はそんなイケメンばかりとは限りません。

普通は、さほど目立たない顔立ちの男が多いでしょうから、あまり期待しないことです。

では、美人に対しては、どういう心がまえで近づくべきなのでしょうか？

ひと言でいえば、「オヤッ？」と思わせるのがコツです。

「あらっ？　この人はちょっと違うわ」

と思わせ、興味をもってもらうのです。

たとえば、女性の名前が「佳実」だったとしたら、こう聞いてみるのです。

「秋の季節のお生まれですか？」

「えッ？　どうしてわかったんですか……」

彼女は不思議がるかもしれませんが、「佳美」ではなく「佳実」とつけたからには、秋の結実期の生まれであることは容易に推測できます。また「桃子」だったら間違いなく3月生まれでしょうし、「みどり」なら4月か5月生まれに決まっています。

このように、名前から話題を広げていくこともできますし、指輪などのアクセサリー（誕生石）から誕生月を推理する方法だってあるのです。

1月……ガーネット（ざくろ石）
2月……アメシスト（紫水晶）
3月……ブラッドストーン（血石）、アクアマリン
4月……ダイヤモンド
5月……エメラルド
6月……真珠、ムーンストーン
7月……ルビー

8月……めのう、ペリドット
9月……サファイヤ
10月……オパール、トルマリン
11月……トパーズ
12月……トルコ石、ラピスラズリ

この中でダイヤと真珠、ルビーなどは誕生月と関係なくはめていることがありますが、自分の誕生石を身につけている女性は多いはずです。

また、なにも誕生石にこだわることはありません。

女性が「あらっ?」と思う話題をもち出すことがポイントです。

「もしかして、カンが鋭いのではありませんか?」

といってもいいでしょう。耳の位置が少々上についているようなら、動物的なカンのもち主です。よしんば否定されても、

「どこでそう思ったのかしら？」

と興味を抱かれるだけでも、会話の糸口になるではありませんか。

これは相手が女性だけに限りません。

男との会話でも、ビジネス以外の話題をもち出すことが重要です。

たとえば、手相や人相を学んでおけば、どんな人に対しても堂々と振る舞うことができます。

あるいは心理学の勉強も有効です。性差心理学といって、男と女の性格の違いを学んでおけば、相手を驚かせ、感心させることもできるでしょう。

相手が落ちる口説きのポイント ☑

ビジネス以外の話題で話を切り出す

午前中と夜は、ちょっと小さな声で話す

女性でムード音楽が嫌いな人は、まずいません。音楽の好みによって、その人、または家庭の雰囲気を知ることができます。

テンポが速く、ロック調の耳をつんざく音楽を好む若い女性層は、もっている雰囲気もそれにふさわしいはずで、クルマよりバイクを好むに違いありません。

しかし一般に、女性はなぜか男と異なり、男と1対1で過ごす場合は、どの年齢層もバカでかい音響はあまり好まないのです。

実は、声が大きいと理性を目覚めさせてしまい、情を動かすことがむずかしくなります。

音楽は本来、感情を高めるものだけに、あまり大きいと情にひびが入ってしま

うのです。

ロックがいいのは、全員がそれに酔うからです。だから午前中のロックコンサートはありません。深夜になればなるほど、酔い方ははげしくなるのです。

このことからも、女性と話すときは心もち、小さな声を使うほうが得策であることがわかります。

私は講演や大学での講義のとき、最初のうちは、やや小声で話します。すると聞き手はその声を聞きとろうとするため、それまで頭の中、胸の中にあった風景を消して、しばらくは真剣になって耳を傾けてくれます。

人間は、一見真剣そうに聞いてくれていても、気になる残像が胸の中にあっては、実際には心ここにあらず、という状態になっているものです。

そのとき話しかけている内容は、雑音として相手の右の耳から左の耳を通りすぎていくだけで、話し手は無意味に発言を繰り返していることになります。

周囲とほぼ同じ音量で話しかけているので、相手の感情の領域に達しないのです。

そこに、小さい声と低い声の意義があるのです。

それは相手に「オヤッ?」という感情を起こさせ、「なんだろう?」という興味をもたせます。

そうなると、それまでの理性のスイッチを消しますから、一瞬ではあっても全神経を小さな声に集中してくれることになります。その代わり、小声をずっと続けていると聞き手がくたびれるため、再び興味を失っていくのです。

そこで、最初は小声で、次第に普通の音量で話していくと、相手は必ず引き込まれてくるはずです。

一般に人間は、午前中と夜間は神経がおだやかなため、比較的小さな声でも聞きとりやすいものです。

午前と夜間は、ともかく静かでいたい時間なのです。別の表現でいえば、知性的でありたい時間といってもいいでしょう。

そこで、この時間帯に女性と話をするときは、とくに不作法な笑い声を立てた

恐れ入ります
切手を
お貼りください

郵便はがき

162-0816

東京都新宿区白銀町1番13号

きずな出版 編集部 行

フリガナ

お名前　　　　　　　　　　男性／女性
　　　　　　　　　　　　　未婚／既婚

(〒　　　-　　　　)
ご住所

ご職業

年齢　　10代　20代　30代　40代　50代　60代　70代～

E-mail

※きずな出版からのお知らせをご希望の方は是非ご記入ください。

愛読者カード

ご購読ありがとうございます。今後の出版企画の参考とさせていただきますので、アンケートにご協力をお願いいたします(きずな出版サイトでも受付中です)。

[1] ご購入いただいた本のタイトル

[2] この本をどこでお知りになりましたか?
1. 書店の店頭　2. 紹介記事(媒体名:　)
3. 広告(新聞/雑誌/インターネット:媒体名　)
4. 友人・知人からの勧め　5.その他(　)

[3] どちらの書店でお買い求めいただきましたか?

[4] ご購入いただいた動機をお聞かせください。
1. 著者が好きだから　2. タイトルに惹かれたから
3. 装丁がよかったから　4. 興味のある内容だから
5. 友人・知人に勧められたから
6. 広告を見て気になったから
(新聞/雑誌/インターネット:媒体名　)

[5] 最近、読んでおもしろかった本をお聞かせください。

[6] 今後、読んでみたい本の著者やテーマがあればお聞かせください。

[7] 本書をお読みになったご意見、ご感想をお聞かせください。
(お寄せいただいたご感想は、新聞広告や紹介記事等で使わせていただく場合がございます)

ご協力ありがとうございました。

きずな出版　URL http://www.kizuna-pub.jp　E-mail 39@kizuna-pub.jp

り、大声で話したりしないほうが賢明です。むしろ大声を出されると、脅迫されているような圧迫感を覚える人もいるほどです。

朝のムード、夜のムードをこわすような声は出さないことです。

また、これは実験でもわかっているのですが、電話で男の低い声を聞くと、女性は「セクシーだ」と感じるようです。

たしかに低音の魅力は女性をしびれさせますが、さほど低い声でない男でも、電話を通すと低く聞こえるだけに、こういう活用のしかたもあるのです。

私はどちらかというと、声がよく響きます。ささやくようなムードは不得手なだけに、昼間と午後の時間帯向きだ、と承知しています。

そうなると、明るく笑いを織り交ぜた話法を使わなければならず、午前や夜は少々苦手です。そんな自分の長所と短所を知っているだけに、わざと小声で話しはじめるのです。

あなたはどのタイプでしょうか？　自分のタイプを知り、それを、女性を口説くときに応用するといいでしょう。

いや、女性を口説くときに限らず、長所を活かした話し方は営業でも使えますし、会議や打ち合わせで、男を説得することもできます。

とはいえ、話し方教室に通っても、うまく説得できない人もいます。それは自分のタイプを知らないからです。

朝型の人もいれば、夜型の人もいます。あるいは、男性向きの話術が得意な人もいれば、女性に対して上手な人もいるのです。

そのことをよく知った上で、特性、特徴を活かして話すようにしましょう。

相手が落ちる
口説きのポイント

自分の声に合う時間帯を知る

目の位置は相手と同じ高さを保つこと

課長が机を前にして座って、女性社員がその前に立つとすると、威圧《いあつ》の空間が生まれます。

課長が座ったまま、机の前に女性を座らせると協調の空間が出来上がります。

さらに、男女とも立って話をするとなると、親密空間が形づくられるのです。

私たちは職場という空間にいるとき、さほど気がつかないうちに、この威圧、協調、親密の空間づくりをしているものです。

上司として厳しく部下を叱ろうとするときは、無意識のうちに、

「○○クン、ちょっと来てくれ」

と、机の前に立たせるはずです。

逆に何か頼む場合は、なるべくやさしくしたいという意思が働くため、こちらから部下の席までいき、立ったまま話をするはずです。

これは犬や猫と仲よくなりたいときでも同じで、動物作家のムツゴロウこと畑正憲さんは、よく地面に寝ころがりながら、初対面の動物の相手をしていました。畑さんは、この方法で狼たちとも仲よくなったことがありますが、ともかく同じ高さになって、目線を交わすことが親密空間をつくりだすのでしょう。

人間でも動物でも、まったく変わりがないことを思い知らされたものです。

それだけに、こちらが見下ろす位置にいたのでは、女性を口説くことや商談は、絶対成功することはありません。

反対に、相手がこちらより目線が上になると威圧の空間ができてしまい、これも思うように話が進まなくなってしまいます。

たとえば、大河ドラマなど時代もののテレビを見ているとわかりますが、将軍なり殿様の位置は、いまの床の間の高さに座っているようなもので、そこに伺候《しこう》する家来たちは、どうしても威圧されて平伏《へいふく》してしまいます。

そして、殿様が上段から下りてきて家来と話を交わすことがありますが、とたんに先ほどまでの恐れが、家来から失われていくさまが見てとれます。

このときの記憶が、私たちの体内に遺伝子として残っているのではないかと思われますが、ともかく、目の位置が相手と同じ高さになるような努力と工夫をすれば、勝ちなのです。

なお研究によると、相手との距離も平均的な日本人の場合、他人とは113センチ、肉親だと59センチまで近づくことは可能だそうで、もし、女性が1メートル以内に近づいたら、かなり心を許していると見ていいでしょう。

相手が落ちる
口説きのポイント ☑

相手を見下ろす位置から話をしない

第3章

OKを先延ばしにしない

イエスのチャンスをつくる

ＯＫを出す「いいわけ」を用意してあげる

女性とホテルで食事をして、そのままメイクラブしたいというとき、さて、どうしたらいいでしょうか？

そういう場合、そのホテルの部屋を予約してしまうのも一つの方法です。

せっかくホテルにきて、食事までして、それからまた外へ出て、ラブホテル街をうろつくなどというのは、みっともいいことではありません。

だいいち、そんなやり方をいまどきの女性は「古臭い」「カッコ悪い」と思うでしょう。シティホテルがラブホテル化しているのは、普通のホテルこそ、そのような目的に使えるということなのです。

ということで、そのホテルの一室を予約したとします。

あなたの手元には部屋のキーがあります。問題はここから先です。

「行こうか」

と声をかけて二人一緒にスムーズに立てるのが理想的ですが、それができない場合、まず考えられるのは、キーを渡しながら、

「○号室を予約しておいたよ。僕が先に行っているね」

という男先行型でしょう。

この方法は女性に決断させることにおいて、無理強《じ》いしないやさしさがあって、なかなかスマートではあります。

男が先に部屋に行ってしまっているから、女性は断りやすく、だまってさっさと帰ってしまえる気楽さもあります。

同時に、

「行ってもいいんだけど、一人でノコノコ部屋まで行くのは、いかにもそのためにきました、という感じでイヤだな」

と思われる欠点があります。

つまり、行くのはイヤではないが、なんとなく行きづらいから「やっぱり帰ろう」ということにもなりかねません。

普通は、ルーム・ナンバーを教えられ、「待ってるからね」といわれても、そうやすやすとは部屋のドアをノックする勇気はありません。そこで次に考えられる方法は、先に女性に部屋のキーを渡してしまうことなのです。

この方法のいいところは、具体的な誘いの言葉などいっさいいらないことです。ともかく予約して部屋のキーを女性に渡してしまう。受けとらなければ脈がないのですから、あきらめるしかありません。

でも、いったん受けとってもらえたら、OKはほとんど間違いありません。つまり、最後のひと押しはキーの渡し方にあるということです。

こういう問題は、基本的には相手に「聞いてはいけない」のです。聞けば、女性はとかく「ノー」という返事をしがちです。

そして人間は、口に出した言葉にツジツマを合わせようとしますから、「ノー」といったら「ノーにふさわしい行動」をとろうとします。

でも、女心は「ノー」といいつつ、

「まったく、もう。もっとうまく誘ってくれないかなァ」

と思っているものです。

つまり、女性特有の「したいけどしたくない。したくないけどしたい」という迷いの気持ちでグラグラしているのです。

そういうとき、女性に必要なのはたった一つ、「やむを得なかった」といういいわけなのです。何ごとにもいいわけをつくるのが大切で、酔っぱらったから、最終電車が出てしまったから……と、とにかくいいわけをほしがるのです。

さて、キーを渡すことは、このいいわけを与える絶好の機会でもあります。

女性がキーを受けとってしまったとき、どう考えるでしょうか？

それは次のようなものでしょう。

「アラッ、どうしよう。こっちはそんな気はないのに困るわ」

――これはほとんどウソ、女性が得意の自己欺瞞《ぎまん》です。

「でも、私が行かなければ彼も困るだろうし」

――これは正しい認識。

「せっかく渡してくれたのを突き返すのもなんだから」

――これは、思いやり。

「ともかくお部屋までは行ってあげよう」

このように、キー一つが女性に心理的いいわけを与えるのです。

そして女性は、「いいわけ」ができると、急に大胆になるものなのです。

相手が落ちる口説きのポイント

わざと相手を困らせてみる

不倫タイプの女性をひと目で見抜くポイント

よくないことはわかっていても、「気づいたら、そうなってしまった」というのが「不倫」です。

最近では、女性でも割り切った関係を楽しんでいる人も少なくないようですが、覚悟してかからないと破滅的な展開に陥ることもあります。

ここで不倫に陥りやすい女性の人相をお教えしましょう。

- **首がほっそりとしている**
- **目尻にホクロがある**
- **瞼の下がふっくらしている**

・唇が厚く、笑うと歯ぐきが見える
・弓形の眉をほっそりと引く

想像するだけで、セクシーな女性像が思い浮かびませんか？

ただし、これらは最近、変わってきています。

いまは日本女性が美しくなり、華やかになってきたので、右にあげたような女性はそこら中にいます。

そこで、もう一歩進んだ見方をすれば、次のような「外型女性」は奔放です。

・外股で歩く女性
・外向的な女性
・外国語を話す女性
・外遊びが好きな女性

・ブラウスをスカートの外に出す女性
・シースルーの服もいとわない女性
・大ぶりなアクセサリーを好む女性

これらの特徴はすべて〝慎《つつし》み深さ〟とは反対の女性の典型であり、ひと言でいうなら積極性、大胆、解放性を表します。

外股で歩く女性を考えてみましょう。

この女性は、女性器を隠すという意識があまりありません。昔の女性はほとんど内股でした。つまり女性器、大胆さ、露出性を隠していたのです。

ところが、その中で〝小股の切れ上がった〟女性は、粋《いき》で艶《つや》っぽい女性の代名詞でした。これらの女性は浮世絵に出てくるように、スラリとしたスタイルでしたが、これでわかるように、内股派ではありません。

近頃は電車の座席に座るにも、膝を開いていても平気な女性を見かけることがありますが、ズバリいえば、そういう女性の女性器は、土手高でこんもり発達しているため、膝をしっかり閉められないのかもしれません。

昔の女性といまの女性の水着姿を見れば、土手高の一点で大違いであることがわかるでしょう。この女性が結婚し、夫にかまわれないと、女性器自体が我慢できなくなってしまうのでしょう。

問題は、顔やスタイルではなく、女性器が発達しすぎたために、それによって顔やスタイル、歩き方などに変化が表れてしまうことです。

女性の水着姿を見て土手高だったら、間違いなく一発で口説けるでしょう。

擬態といって、動物は他のものに似せて発見されるのを防いだり、羽根や体表の色を変えて異性を誘ったりしますが、女性も同じなのです。

〝首がほっそりしている〟のも、首を隠す気であれば、ハイネックのセーターを着ることもできますし、ハイカラーのスーツを着ることだってできるのです。

ところが、わざと髪をアップにして、これ見よがしにまっ白いうなじを見せるのは〝肉食女子ですよ〟と異性を誘うサインを投げかけている、ということなのです。

男と女の出会いは一瞬で決まることが多いだけに、人間の女性という雌は、なるべく瞬間的に男という雄がわかりやすいサインを出しているのです。

香水や毒々しい口紅はその典型ですが、わかりやすいサインを出している女性ほど、不倫に走る用意をしているといってもいいほどです。

相手が落ちる口説きのポイント ☑

男と女の出会いは一瞬で決まる

このセリフを口にしたら「ＯＫ」サインだ

最近の女性はすべてに積極的で、とくにネット不倫など、主婦の浮気願望などは男の私から見て、「これでいいのか？」と心配になるほどです。

女子学生やＯＬも負けず劣らず頑張っています。男が誘うのではなく、女性のほうから誘うこともめずらしくありません。

ベテランのＯＬ、とくに独身のキャリアウーマンなどになると、自分の気に入った年下の男を指名して、

「今夜つき合いなさい」

と酒をのみに連れていき、

「私を家まで送っていってよ」

「泊まっていきなさいよ」

などと、すべて命令口調で男をモノにしてしまうことがあります。

これほどはっきりしていれば、女性が誘っているのに気づかないことはありませんが、もう少し控えめな女性は、謎をかけたような誘い方をします。

苦労して女性を口説くのに適した場所にきたのはいいけれど、そこから先がいい出せない、相手が誘っているのに気がつかない、ではもったいないことです。

「なにかおもしろいことないかしら？」

女性が、こういう言葉を口にするときは、異体験願望が高まっているときです。

まだ知らない体験をさせてほしい、といっているのです。

新しい男とセックスすることくらい新鮮な異体験はありません。

その希望に応えてあげるべきです。

「もう帰れない時間だわ」

いくら鈍感な男でも、ここまでいわれて気がつかないことはないはずです。これと同系の言葉に「帰りたくない」があります。

「この間、○○さんに誘われちゃった」

これはウソかホントかは問題ではありません。

同じことをしてもらいたいという意思表示なのです。

「男の人って、したいときどうやって女性を誘うの？」

性的にきわどい質問をしてくるのです。

話題をそっちにもっていきながら、実は誘ってもらおうとしているわけです。

「わたしだって、もう子どもじゃないわ」

そういう欲求に応じられる自分を相手にわからせようとするのです。経験が未熟な若い女性のセリフです。

相手が落ちる口説きのポイント ☑

相手からの誘いのチャンスを逃さない

横に並んで座れば、たちまち親密になれる

犯罪をおかすと新聞に顔写真が出ますが、どんな人でも真正面の顔が紙面に出てしまいます。

これは捕まったとき、その形で写真が撮られるからなのですが、どんな大政治家やかっこいいタレントでも、悪人づらになってしまいます。いかに真正面の顔がよくないか、ということでしょうか。免許証の写真がそれを証明しています。

とくに男の顔を正面から見ると、皮膚がザラザラ、鼻毛が出ていたりと、そうほめられた顔ではありません。

それに不精ひげでも生えていたら、初対面の女性ならずとも、逃げ出したくなって当然かもしれません。

それだけに、男と女が真正面に対して座るとなると、妙に堅苦しくなると同時に、お互いの顔の欠陥を感じてしまうのです。

「この人は、なんて知性のない顔なのかしら？」

と女性が思えば、男のほうも、

「かわいいと思っていたんだけど、鼻がずいぶん上を向いていたんだなァ」

などと、思わぬ発見をしてしまいます。

そんなことにならないように、ほんの少し、互いに座る位置をズラすようにするといいでしょう。横に並ぶのが、実はもっとも親しくなりやすい座り方です。

タレントたちは、横顔のほうが映りがいいということをよく知っています。

右側に自信のある人、左側がいい人、さまざまですが、一般的には相対して座る場合、互いに右にズラして座るものです。

つまり、互いに相手の左横顔を見る形になるのが普通です。

それは相手の左耳に声を吹き込んだほうが親密になりやすいという、無意識の動作でもあるわけですが、できれば、そうなるように座る位置を占《し》めることが必要です。

女性を口説こうとするときは、私は正対して座るような店には行きません。

女性には「触れると親しくなる」という接触欲求があります。

手を触れる、膝が触れる、体が触れるのどれか一つでいいのですが、相手に触れた瞬間に親しくなっていいかどうかが、ピンときてしまうといわれています。一種の動物本能でしょうか？

そこでバーやカフェでも、横に並んで座れるような店に連れていくわけですが、あっという間に親しくなれること、間違いありません。

話をビジネスにすると、「触れる」という行為は、商品に対しても行われます。

私は長いこと女性誌の編集長をやってきましたが、よく書店に女性たちの購買スタイルを研究しに行ったものです。

このとき知ったのですが、関心のある雑誌は必ず1回は手で触れたり、手でもつものです。なかを読まなくとも、それだけで自分にふさわしいかどうかを、鋭く見抜いてしまうようです。

あるデパートの貴金属売場の責任者に聞いた話ですが、店員はお客が手に商品をとりやすい位置に立つことが大切だそうです。とくに宝石や指輪などは、ほとんどの客が左手にはめるものです。

「どうぞ、お客さま、ご遠慮なくはめてみてください。左手の薬指にエンゲージリングをはめるつもりで……」

などとすすめ、お客も、それがしやすい位置に立つのだというのです。

できれば、お客である女性の左手にはめてあげれば効果は満点とか。

「結婚式は5月にしましょうか？」

などと笑わせれば、もう買ったも同然だともいっていました。

あなたの彼女に指輪をプレゼントするときも同じです。

真正面に対するより、ちょっと右側にズレたほうが、相手も左手を出しやすく

なるはずです。

別の表現でいえば、真正面は現実ですが、横顔は夢なのです。

女性誌の表紙を見ると、その多くは横顔です。真正面の顔が映っている表紙は、ごく少数です。

それは、女性読者に夢を与えるように考えられているからです。

もしあなたが広報誌を扱っているなら、そういう知識も大事にしたほうがいいでしょう。

そうした仕事でなくて、彼女の写真を撮るときには、そのことを頭に置いておきましょう。まさかと思うかもしれませんが、一度、実践してみてください。

相手が落ちる
口説きのポイント

正面より、横から攻める

仕事の話は右耳に問いかける

会社で、あなたの隣の席に女性社員が座っているとしましょう。

このとき右側に座っている女性と左側に座っている女性とでは、どちらがプライベート的に親しくなるでしょうか？

正解は右側の女性です。

人間には、日常使っている側があります。

多くの場合、右目と右手は、とくにフル回転しているでしょう。

右耳もそうです。

上司に呼ばれたとき、あなたは右耳、右目、右手を上司に近づけませんか？

注意深く聞き、メモをとるには、どうしてもそうなるようです。

大脳生理学では左脳と右脳では作用が異なり、左脳は言葉をつくり、発信させているところ、あるいは理解させる中枢《ちゅうすう》です。

1、2、3の次は4、5、6であるという思考は左脳が司《つかさど》っているのです。その左脳が右の手足、右半身を支配しているからこそ、仕事上ではつねに右が主体になっていくわけです。

ところが、左半身は仕事上ではあまり使いません。

これは男も女も同じであって、女性と腕を組むとき、男は左腕をさし出します。これは左腕のほうが非日常、つまり私的な部分だからなのです。

「そんなことといったって、女性は右腕を組んでくるじゃないか」と、反論してくる人がいるかもしれませんが、もともと女性は右脳活動が強いのです。

また、女性にとって腕を組むということは、すがりついて安心感を得たいということなのです。そこで少しでも強く安心したいために、右腕をからませるのです。

だから、そんなときは腕を組むより、女性の背中から男の左腕を回して、彼女の左腕をしっかり引き寄せてあげれば、女性は幸せの中に浸ることができます。

また面と向かって話す場合、女性は左耳から男の声を吹き込まれると、プライベートな親しさが加わっていくだけに、デートや打ち合わせの際にも、できればあなたは、それができる位置に座を占めるほうが断然有利になるものです。

とはいうものの、右脳と左脳の働きを、もう少しくわしく知っておくほうが正確に活用できます。

よく堅い人、柔らかい人といいますが、左脳型の人は堅いことがわかります。論理的だし、数字に強いし、非常識なことはいやがります。

こういう人には、小説や音楽、芸術の話をしても、なかなか理解してもらえません。それだけに、左耳から声を吹き込んでも、右脳の働きが鈍いので、そう簡単にはガードが崩れません。

ところがお堅い女性でも、知的レベルの高い女性になればなるほど、芸術的な理解が深まります。

先ほども書きましたが、どちらかといえば右脳が活発に働いているだけに、左耳にささやくと、意外にこれがきくのです。

恋愛映画では、ムードが高まると、互いに左の頬をつけ合うシーンが出てくることに気がつきませんか？

だから、ささやくときも左の耳に口をつけるようになるのです。

柔らかい人は、こういう姿勢に慣れているというか、自然にそうなってしまうらしく、ダンスを踊っていてもすぐ判断できます。

職場で数字を説明していくときは、日常的に使っている右耳に話しかけるようにすべきですし、仕事時間が終わり、ムードで迫るときは、左耳を活用するほうがベターです。

念のためにいいますが、この手法は右利きの場合です。

左利きは逆の場合がありますので注意したほうがいいでしょう。また、欧米人は右脳と左脳の働きが反対、という説があることも知っておきましょう。

おもしろい話をすると、上司と秘書の関係を見ると、上司の机の左横に机を置く秘書は、右耳で命令を聞く形になるだけに優秀な秘書となりますが、反対の位置に机をかまえる秘書は、少々上司に甘えるタイプになるといわれます。

ときには、プライベートな関係になる危険性があるだけに、社内での机ひとつの位置も重要なのです。

実は、これは相手が男性の場合でもまったく同じです。左耳に話しかけていると私的に親しくなれるのです。

上司や仕事上で大切な人と親しくなれる社員は、そこまで研究しているのです。

相手が落ちる口説きのポイント

仕事以外では左耳に話しかける

小さな期待を次々に与えよう

女性を口説く道は一つだけではありません。

男の中には最初から「結婚しよう」と迫るタイプと、最後まで「結婚をいい出さない」タイプとがあります。

前者は、3回目のデートで、

「きみと結婚したいなァ」

と、ため息をつくのです。この男に好意を抱いている女性なら、その夜のうちに決着がつく可能性があります。

しかし、この口説き方は、「結婚」を一度口に出しているだけに、実行に移さないことには問題が残ります。

「そのうち逃げちゃえばいいさ」

と、図々しくかまえる手もありますが、相手の女性に勤め先まで押しかけてこられたら、結局困るのは男側なのです。

これに対して、「結婚」という言葉だけは絶対口に出さない男は、それ以外の言葉を湯水のように使うのです。

「きみのようなタイプは好きだなァ」

〝きみが好き〟ではなく〝きみのようなタイプが好き〟なのですから、女性にとってはちょっぴり不満が残ります。

そこで、男は食事に行こう、コンサートに行こう、花火はどうか、などと誘って、好意を次々に示していきます。

すると、そのうちに、

「あなたばかりに払わせては悪いわ」

「外でばかり食べていてはもったいないから、たまには私の部屋で食事しましょう」

と、女性側からもちかけてくるようになり、いつのまにか「結婚」してくれるのかどうかわからないうちに、男の彼女になってしまうという、思ってもみない展開になっていくのです。

「女性には次から次へと期待を与えよ」
とは、男女の関係だけでなく、どんな場合でも当てはまる名言です。

政治家の中には、よく厚かましく次から次へと、できもしない公約を並べるな、と男なら怒り出すようなタイプがいるでしょう。しかし、女性にはこのような政治家が好まれることがあります。

「この人はこれだけいい公約をしてくれるのに、周りで実行させないんだわ」

と、かえってこの政治家をかわいそうに思う女性が大勢いるからです。

食事に例をとりましょう。ようやく意中の女性をデートに誘って食事をご馳走することになったとします。フランス料理店を予約して、メニューを決める段になったとき、

「面倒ですから、AコースかBコースで決めましょうか？」

という男がいます。

しかし〝面倒なのは自分〟であって、彼女にはちっとも面倒ではありません。それどころか、店に入って3分間で食事の期待は終わってしまったことになるではありませんか。こういう男では、彼女は心の中で〝しまったわ〟と考えるかもしれません。

フランス料理店に限らず、どこでもそうですが、店の人に、

「では、デザートはいかがいたしましょうか？」

といわれても、

「あとでゆっくり決めます」

と答えるべきなのです。そうすれば、またデザートを決めるとき、楽しみの期待がふくらむのです。

こういうセンスはできる男の鉄則でもあります。

また、商談相手が女性のときには、一度に大きなトクをとらせてもムダです。それより、小さなトクを続けていくことがポイントです。

大きなバラの花束を1回だけもらうよりは、会うたびに小さな花束やケーキをくれる男に、女性は傾くのです。

それは次の期待を感じさせるからであって、「抑制された好意」こそ、女性とのつき合いを長続きさせるコツでもある、と頭に叩き込んでおくことです。

これは意外にも金持ちの男たちにはできないものです。ケチだと思われるのがイヤなのです。

それだけに、絶好のチャンスです。アイデアを駆使して、彼女に新しい期待を与えてみようではありませんか。

相手が落ちる口説きのポイント ☑

大きなトクより、小さなトクを与え続ける

口説ける相手は顔を見ればわかる

私は口説き上手で、これまで口説きに失敗した記憶はほとんどありません。というといかにも偉そうに聞こえますが、実は口説けないな、と思った女性には近づかないからです。

仕事上でも同じですが、人相的に見て頑固そうな顔だったら、こちらの要求を通すことは誰だってむずかしいのです。逆に、やさしそうな顔だったら、案外たやすいかもしれません。

これは男でも女性でも同じことです。仮に耳の位置を観察してみましょう。哺乳類はすべて頭部に耳があります。チンパンジーやオランウータンはやや頭頂部から下がった位置にあり、人間はさらに下がって、眉と鼻頭の間にあるのが普通です。これは知能が上がるにつれて、耳の位置が下がるという証明です。

たとえば、耳の位置が相当上にあるならば、やや動物的な感覚のもち主で、直感力が鋭いはずです。それに対して耳の位置がぐっと下がっていれば、じっくり慎重に物事を考えるタイプと見てよさそうです。

たったこれだけで、女性を口説く際、すばやくいくべきか、慎重に時間をかけるべきかがわかるのです。

同じ耳でも、耳が大きく豊かな人は長命です。だからこそ、時間がたっぷりあるのであせりません。

反対に耳の小さい人は、さほど長生きではないので、どちらかといえば派手で、金の使い方も大きいのです。

もう一歩進んでいえば、耳の小さい人は浮気性なのです。限りある生命を楽しもうという、これは性格というより体質といっていいでしょう。

目を見てもさまざまなことがわかります。パッチリと大きいほうが派手なことは誰でもわかるはずです。女優という職業は派手なタイプでないとなれませんが、一様に目が大きいのが特徴です。

目が小さい人は臆病で、細い目は狐《きつね》目といわれるように猜疑心《さいぎしん》の強い人です。こういう女性を一度や二度で口説き落とすのは、至極《しごく》困難です。

唇を見ても、笑うと歯ぐきが出るような人は派手なのです。

口の小さい女性は締まり屋ですから、これも口説くのはむずかしいでしょう。たとえば、食べものの話をするとしましょう。

口の小さい女性は、食が細いはずですから、その種の話題にさほど興味がないでしょう。

それに対して、唇が大きく厚い女性は食いしん坊なはずですから、料理やレストランの話になると夢中になるのです。

唇の大きい人は、それだけ食欲が旺盛ですから、精力も強いと見られます。性欲もあるはずですから、女性としては口説きやすいタイプです。

口元がギュッと締まっている女性は堅い人です。意志も強く知性的ですから、なかなか他人のいうことを聞きません。

反対に口元がゆるんだ女性は、意志もそれほど強くなく、だいたい天衣無縫《てんいむほう》の明るさがあります。

そしてまた、このタイプは噂話が好きなだけに、仲間や友だちがけっこういます。その仲間たちを紹介してもらえば、ヒューマンネットワークが大きく広がることも期待できるでしょう。人相はその見方によって意外な効果を発揮するものです。

手のひらに注目してみましょう。

大きな手でゴツゴツしていれば、男のような性格です。

大きくて厚そうな手だったら、女親分的な温かさがあるはずです。

反対に、小さい手だったら臆病なのです。

こういう観点から女性を確認し、その性格に合った3分間の使い方と口説き方をすることです。

細かくアプローチすべき人、〝好きだよ〟と大胆に何度もいうべき人、最後の最後まで相手にトクをもたらすべき人……その努力は決してムダではないはずです。

私は社会人1年生のとき、雑誌編集者になったことで、占い師と知り合いました。これにより、男女の人相や手相から人格や人柄、特徴を見抜くことを教えられたのです。

これが多くの作家の才能を見抜く助けとなり、とても勉強になりました。占いは「遊び」というだけではもったいない。仕事でも活用することができます。

相手が落ちる口説きのポイント

口説きやすいタイプを見抜く

「ノー」といわれたら、次の一手

女性はその肉体が曲線を描いているように、日常生活も直線的ではありません。男は自分の家と会社の間を、まっすぐ往復する人が多いものですが、女性はその間に買いものをしたり、女子会をしたり、カルチャーセンターに習いごとまでしに行きます。

それこそ街を歩いていても、気になる洋服がウインドーに飾ってあれば、寄り道をするのは当然なのです。

この曲線習性は、会社でも表れます。

「きのう私、あの映画観たのよ。そのあと帰ろうとしたら、うちの社の○○さんが彼女と歩いているじゃない……」

女性同士のとりとめもないおしゃべりが続いて、話の目的が何であるのか、男たちにはよくわかりません。時間のムダとしか考えられないのです。

男たちは、目的があれば早く直行したいのです。つまり直線的な動物であって、歩くときも脇見をする人はあまりいません。

会社の近くに何の店があるか知らない人は案外多いものです。

その習性は男たちの会話を聞いているとよくわかるように、話はそれほどあちこちに飛ばずに、サッカーでもプロ野球でも、その話が延々と続きます。

女性にとっては、そういう男はつき合ってみてもつまらないのでしょう。1回のデートで嫌われてしまいます。

あなたは戦国時代の3人の英雄で、誰がいちばん好きですか？

信長でしょうか？　それとも秀吉か家康でしょうか？

実は、この順序で一般には好まれるといわれます。

この3人の性格を伝えた俳句に、それぞれ女性をホトトギスにたとえて、

（1）鳴かぬなら　殺してしまえ　時鳥《ほととぎす》（織田信長）
（2）鳴かぬなら　鳴かせてみしょう　時鳥（豊臣秀吉）
（3）鳴かぬなら　鳴くまで待とう　時鳥（徳川家康）

と、意に従わせる方法論が書かれていますが、たいへん興味があります。ひと言でいえば、信長は直線的、秀吉は曲線的、家康に至っては円型といえるでしょう。

信長だからこそ、こういう大胆な口説き方ができますが、普通の男としては、秀吉型か家康型で迫らないと、口説くことは不可能です。

それにしても、女性の心を攻略する姿勢をもっている男でないと、いまの世の中ではやっていけません。少なくとも攻略できずにヘナヘナとなっては、職場の女性とさえも、うまくやっていけません。

まして女性を単に怒鳴ったり叱ったりしていれば反感を買ってしまいますし、ビジネス交渉においても、直線的に迫ってイエスを引き出したとしても1回限りで、次回はそういうわけにはいきません。

これは男と女の関係においても同じことがいえます。信長的な迫り方ではなく、秀吉的な人のよさ、家康的な実直さとゆとりを学ぶべきでしょう。

たとえば、口説き上手な男は月曜日に断られれば、金曜日にもう一度口説きますし、夕方口説いてダメなら、深夜に再度トライします。

あるいはまた、面と向かっては女性が恥ずかしがるという配慮から、携帯電話で話したり、メールを送る口説き上手もいるほどです。

実は、そのデリカシーが大切で、断られた理由をゆっくり分析せよ、ということなのです。

女性には、その日はジーンズだから断った、というデリカシーがあります。

自分が高級な服を着ている、もっとも自信のある日に口説かれたいからです。

「月曜日はオシャレをしていなかったので断ったのよ」

ということが大いにあり得るのです。

こういう女性心理を分析していくと、いつのまにか女性に強くなっている自分に気づくはずです。

それと同時に、女性に一度「ノー」といわれたからといって引っ込むことはない、という自信も植えつけられるのです。そうすれば、女性の多い職場でも存分に実力を発揮することができます。

相手が落ちる口説きのポイント ☑

断られた理由を分析する

第4章

関係を一気に深める

共通の夢で距離が縮まる

可能性を期待できる話をしよう

人間は若ければ若いほど、夢と可能性に満ちています。だからこそ若者は明るい顔が普通なのであって、年を重ねるにしたがって笑顔が少なくなるのは、苦労が多くなったというより、可能性が減ってきたからなのです。

高齢者養護施設などで、猫や小犬がいるだけでボケが少なくなる、という話を聞いたことがありますが、おそらくその動物の夢と未来に思いを馳せるだけで、元気がわいてくるからではないでしょうか。

女性を扱う名人は、いわば夢運び人なのです。

年齢によってその夢に差があるのは当然ですが、いちはやく夢の種類を見抜いて、うまく勇気づけられる人が女性に好かれるのです。

たとえば、

「いま頃のパリって、いいだろうなァ……」

というだけで、一緒にパリに行く夢を描いてくれたり、

「ああ、早く東京へ出たいなァ。きみも一緒に行けないかな？」

というだけで、一緒に東京に住む夢を思い描いたりしてしまうものです。たとえ、それが実現しなくても、共通の夢をもつ二人という認識ができて、結ばれる可能性は意外に高いのです。

若い頃の話です。ひとりの女友だちがいました。彼女は、ある大会社の役員の一人娘で、家が厳しく、仲間と遊んでいても夕方になると、寂しく家に帰っていく生活を続けていました。

ところが、私の友人は大胆にも、

「今夜、きみを迎えに行くよ」

と、深夜に彼女の家まで迎えに行き、夜の街に連れ出すのに成功したのです。

そして、家人に気づかれないように、また彼女を家まで送り届けたのですが、この一夜の冒険で、彼は白馬の王子さまとなったのです。

いわば彼女の夢と、その夢を叶えてくれる彼がダブったのでしょう。二度目には、やすやすと彼女を手に入れてしまったのです。

これは彼女の夢を確実に知ると同時に、それを叶えさせる勇気があったからなのですが、ビジネスマンにも、この種の言葉があって悪かろうはずはありません。

取引先に打ち合わせに行ったとき、相手の娘さんが結婚したばかりなら、

「お孫さんが楽しみですね」

と、帰りがけにひと言いっただけで、うれし涙をこぼしそうになる役員や部長だっているのです。

もちろん、夢といっても現実的なものも重要です。

「この次に来るときは、いいご返事をもってまいります」

というだけでも、二度目のアポイントが確実になるはずです。

「そうですか、〇〇専務は歌舞伎がお好きなのですか。うちの会社にたしか囃《はや》し方の息子がいますが、いい席がとれるかどうか聞いてみましょう。2枚とれたら私もお伴させていただいていいでしょうか？」

少々図々しくなると、このへんまで踏み込む男もいますが、よしんば断られても、決して悪くは思われません。

何か一つ夢をもたせる、その夢を広げる、実現させる言葉を残すことが、ビジネスマンに限らず、女性の心をつかむ秘訣だと覚えておくことです。

相手が落ちる口説きのポイント ☑

「二度目」につなげる

相手の笑顔を引き出す話題を選ぼう

会話には、いくつかのルールがあります。

自分だけ話していては、会話とはいえない一方的な押しつけになってしまいます し、相手のひと言を論破しようと、「そんなことはありません」と否定すれば、相手はいやがってしまいます。

あるいは、張りのない声、ボソボソした声、平坦な声、脅迫的な声などで話をすれば、暗い雰囲気になって、早く帰ってほしいと相手は思うに違いありません。あるいは、目を伏せて話す男には、絶対親しみを感じてくれないでしょう。

これらは最低限のルールなのです。なかでも女性に対して、重々しく冗談の一つもいわずにしゃべったとしたら、悪意さえもたれる可能性があります。

そこでユーモアの精神が必要になってきます。

とはいえ、ユーモア、冗談をいえるようになるには、よほど経験を重ねないとできませんから、日頃からテレビのお笑い番組などをよく見て勉強しておくことです。それでも、そこで知った冗談を現場でうまく使えるかといえば、むずかしいでしょう。

私たちは人に会うとき、必ず話材を用意するものです。話し方の本をめくれば、どの本にも出てくるものに、「木戸に（キドニ）立てかけせし（タテカケセシ）衣食住」という言葉があります。

キ＝気候、季節

ド＝動物（ペット）

ニ＝ニュース

タ＝旅

テ＝テレビ番組
カ＝家庭
ケ＝健康
セ＝政治、世間
シ＝仕事

さらに衣食住の話を加えた材料をうまく使いなさい、というものですが、女性に対しては、私はむしろ「ＢＦＰ」の3種類をすすめます。

「Ｂ」は「ベビー」。つまり赤ちゃんの話題（子どもにまで広げてもよい）です。
「Ｆ」は「フーズ」。つまり食べもの、レストラン、料理です。
「Ｐ」は「ペット」。猫、犬など小動物に関する話題です。

この3種類に関して話せば、互いに笑顔になること確実だからです。

たとえば、気候の話だと、

「イヤですねぇ、雨が降り続きますと……」

と女性が暗い気持ちになる場合も予想されますし、旅のように明るい話題でも、

「でも、近頃は旅館も高いから」

と、金銭にまで話が及ばないとはいえません。

それだけに、笑顔が浮かぶ話題をうまく選べば、ちょうどユーモアや冗談をいったのと同じ効果が表れるのです。

もう一つの話題の選び方は、他人の話を自分の話に置き換えて、体験談として使う方法です。

（1）人から聞いた話を自分の体験談にする

（2）本や雑誌で読んだ話を自己体験にする

（3）自分が見た話を、自分が経験したことにする

ウソも方便ではありませんが、このほうが熱心に聞いてくれますし、もし失敗談なら、なおさらよろこんで聞いてくれるでしょう。

それも、できれば昨日とか先週の日曜日、というように、なるべく現在に近い日時を設定するのです。これが5年前、10年前の話となると遠い話になりすぎるだけに、できるだけ最近の話に組み立てることがポイントです。

「昨日、電車に乗っていたら……」

「今日、こちらに向かう途中で……」

という具合にすると、必ず女性は膝を乗り出します。とくに会社内の会議や打ち合わせでは、課長や部長の体験談を部下が聞きたがります。それだけに他人の話ではなく、できるだけ自分の体験にするほうが、効果が倍増するものです。

相手が落ちる口説きのポイント

ウソも方便

気持ちを伝えるのに、言葉だけでは足りない

「目にモノをいわせる」という表現があるということは、目には伝達能力があるということを意味します。とはいえ、初対面の相手にウインクするわけにはいきません。

恋する者同士なら、たしかに目で合図することは可能ですが、初対面で目にモノをいわせることは、ほとんど不可能です。

そこで、目に尊敬の念を込めることをおすすめします。

目は心の窓ですから、心を目に表すことはできます。

それが相手に伝わるかどうかは別として、自分自身の心を目の光に込めなければ、こちらの意思は相手に通じません。

たとえば、嫌いという心を目に込めたら、相手と視線を合わせたくありません。反対に好きだったら、視線を合わせっぱなしにするでしょう。

イタリアの男性は情熱的だと、日本の女性は必ずいいます。

「だって、じっと見つめられて、心が吸い込まれそうになるの」

彼らは一種の催眠効果を狙っているのでしょうが、まさに見つめられると、女性はクラクラしてしまうようです。

もともと相手の目を見る効果には、どんなものがあるでしょうか？

（1）こちらの意思や情熱、あるいは尊敬心、親しみなどを光速で知らせられる

（2）相手のウソや動揺を見抜ける

（3）「おもしろいので、もっと聞かせてください」と相手の話の続きを催促できる

この3つのトクがあるだけに、目は非常に大切なのです。

たとえば反対に、こちらの目をつぶってみましょう。するとどうなるか？

（1）うなずきながら目をつぶっていると、真剣に聞き入っていると伝えることができる

（2）表情を変えずに目をつぶっていると、相手に拒否を表すことができる

これはほぼ同じ動作で、真反対を表すことになるだけに、初対面で使ってはならないことがわかるでしょう。

では、もう一歩、高等な手段を使ってみましょう。視線をはずしたり、相手の目をのぞき込んだりすることで、こちらの心が動いていることを知らせることができるのです。

今度は目だけでなく、表情を加えてみましょう。笑顔で目をじっと見つめてみたり、うなずきながら視線をまっすぐ送ることもできます。

実は、女性は単一信号より複合信号をよろこぶ習性があります。

「ありがとう」という言葉だけでなく、目を見つめ、笑顔を加えると、口、目、表情の3か所で信号を送ることができます。このほうが、言葉だけよりはるかにインパクトが強いことがわかります。

「愛しているよ」というときでも声だけでなく、手を握り肩を抱き、耳にささやきかけ、目をじっとのぞき込むからこそ、女性は男の胸にもたれかかってくるのです。

セックスでも〝三所《みところ》攻め〟といって、キスをしながら乳房を愛撫し、なおかつペニスを挿入するといったように、つねに3か所以上を同時に攻めることを考えましょう。

相手が落ちる
口説きのポイント

自分自身の心を目の光に込める

相手の心に強烈な印象を残す〝送る〟技術

あなたは彼女を送っていくとき、どこまでいくでしょうか？

できれば自宅まで送りたいところですが、相手にもいろいろ都合があるので、無理強いはしないほうが賢明です。

そこで別れるときは、印象に残る場所ですることとです。とくに初めてのデートでは、最後の3分間、いや1分間が印象を決定づけるといっていいでしょう。

もしあなたが、駅で彼女と別れるとします。

このときホームが別々だというので、適当に、

「じゃあ、また」

といって別れたとしましょう。

これで彼女は満足でしょうか？　そんなことはありません。駅で別れるにしても、彼女が電車に乗り込むまで一緒にいて、ドアが閉まって、その電車が見えなくなるまで見送ることです。

「そんなことをしても、彼女には見えないじゃないか」

という男には、女性とつき合う資格はありません。女性は「見えないものを見る」生き物であることを忘れてはいけません。

あるとき私の友人は、女性にタクシーを見つけて彼女ひとりを乗せたあと、しばらくその走り去る様子を見つめていたことがありました。一つには、次のタクシーが来なかったこともあるのですが、女性を寂しがらせないようにとの配慮もありました。

すると次のデートで、その女性が突然のように積極的になり、ホテルへ行くことになったというのです。

彼はあまりにスムーズにいったので、キツネにつままれたようでしたが、ベッドの中で彼女がこういったというのです。

「この間、あなたはずっと私の乗ったタクシーを見送っていてくれたでしょ。それに遠くから手も振ってくれたんですってね。運転手さんが、あの人はいい人だ、あなたのことすごく思っていますよっていってくれたの」

いわば運転手さんが結びの神になったのですが、どこで誰が見ているかわからないだけに、別れの儀式には印象を残す工夫をすることです。

電車にしても、彼女の降りる駅まで送る方法や、そこまでしなくても、ひと駅だけ乗って、あなただけ降りるというのも、彼女の心に強烈な印象を残すはずです。

相手が落ちる
口説きのポイント
☑
最後の1分間が印象を決定づける

ときにはハラハラ、ドキドキさせる

女性の心をとらえるには、ときに「唐突性の演出」が必要です。

女性の心を開くには、サスペンス小説を地でいくようなところがあったほうがいいということです。

サスペンスとは何かというと、「これからどうなるのか？」という期待と不安の入り交じった心理状態のことです。

女性は一見、弱虫で怖がりに見えますが、本能的にハラハラ、ドキドキの好きな人種です。つまり、サスペンスを期待しているのです。だから期待に応えて、ときに不安とスリルを与える。そうでないと、女性は退屈してしまいます。

誰もがうらやむような恵まれた境遇を、自分から破壊してしまう女性がいますが、これは退屈という病気にかかった結果です。

つまり生活が平和すぎて、スリルもサスペンスもないと、女性は無意識のうちにそれらを求めて、危機や破滅の渦中に飛び込んでいく習性があります。だから、ときにそれを満足させる技巧や演出も必要なのです。

といって、テレビドラマのような、犯罪がらみの演出をしろというのではありません。

決まりきった日常の行動を、ほんのちょっと変えることによって、そこに突如として、心理的サスペンスのある状況が生まれてくるものです。

たとえば、デートの約束の時間に遅れたことのない人なら、わざとちょっと遅れてみるとか、いつも彼女の前でおだやかな顔しか見せていないなら、たまには「今日は上司とやりあってしまったよ」とコワイ顔をしてみせることです。

そうすることで、彼女に一種の不安、心配を与えると、かえってそれが頼もしい男を感じさせることになるかもしれません。

職場のＯＬ嬢相手なら、失敗するような指示をわざと出して、思惑通りに失敗させて、あとで「僕が悪かった」とか「いいよ、僕が責任をとるから」といってみる。

これまで失敗すると、すぐ叱っていた人間が、そのような意外な態度に出ることで、相手の評価はガラッと変わってくるものです。

ホテルの前まで誘導してきて、女性が「きっとここへ入ろうっていうぞ」と思っているようなとき、知らん顔して通りすぎるという手を、プレーボーイはよく使います。

そこにくるまで女性は不安や期待を感じていますが、そこで「アレッ?」と思うような意外性を提示してやると、混乱し興奮するのです。こっちの思惑通りに運ぶコツでもあるわけです。

女性は、デートしても何も起こらない、安全パイであることがはっきりしている男は好みません。

何かが起きるのではないかという気配、緊張感のようなものが、男と女の間には絶対に必要なのです。

これは職場の中でも可能です。毎朝出勤時に、上司が常に同じような態度なら、女性社員に緊張感は起きません。

ときには緊張した顔をしたり、出勤してすぐ「○○クン、ちょっと」と呼ぶなど、変化をつけることで、緊張感のある職場になるのです。

デートの行き先を明らかにしないで、車をグングン飛ばすのも、効果バツグンです。

女性は「この人はヘンなところに連れ込むようなことは絶対しないわ」と心の中で信じようとしていても、不安が込み上げます。

このように、「すがりつかなくては不安でたまらない」と女性に思わせるテクニックを使えば、離れられない仲をつくることになります。

相手が落ちる
口説きのポイント

☑

彼女の「安全パイ」にならない

第5章

また会いたいと思わせる

別れ際に何を印象づけるか

もう一度会ってもいい、と印象づける自分の出し方

相手の女性に「第一印象」で好印象をもたせるのが、初頭効果と呼ばれているものです。

女性同士が初めて会ったときの目の動きを見たことがあるでしょうか。一瞬で、頭のてっぺんから足のつま先まで眺め、相手を記憶してしまうのです。

男はよほど注意深い刑事のような性格でないと、初対面の相手が何色のスーツとネクタイであったとか、何を手にもっていたか、靴の色はどうであったかなど覚えていません。

ところが女性は違います。

とくに着ているものと顔の特徴を、ほぼ正確に記憶しているので、犯罪のとき

の犯人像をつくるときは、男の証言のようにあやふやではない、といわれます。
それだけに、女性の第一印象をよくする方法を知っておくと、断然有利になります。
そのための秘訣が、6つあります。

(1)おもしろい男だと思わせる
(2)変わった男だと思わせる
(3)便利な男だと思わせる
(4)目立たないが、何かよくわからない男だと思わせる
(5)夢を与えてくれる男だと思わせる
(6)話が合いそうな男だと思わせる

まず〝おもしろい男〟と思わせれば、もう一度会ってもいいな、と心を許してもらうことができます。多くの女性は笑いたいのです。笑顔を相手に見せたいと思っているからですが、それは、どんな女性でも、笑顔には魅力がこもっていることを知っているからです。

〝ただ誠実な男〟という印象を与えるのは禁物です。というのも、誰でもそういう努力をしているだけに、個性が出ないからです。話題をおもしろくするには、テレビ人間になるといいでしょう。ほとんどの場合、話がかみ合うはずです。

〝変わった男〟とは、明るい特技、得意技を披露して女性を笑わせることです。

以前、私の友人で、まだ互いのメルアドも携帯電話番号も知らない時期に、デートで5時間待ってスッポかされた男がいます。

ところがそういう誠実な男とならつき合いたい、という女性が現れて私を驚かせました。

このように、人と違った一面をのぞかせるのもいいでしょう。

〝便利な男〟とは、何かのときに役に立つ男、という印象を与えるということです。

女性は力仕事や電気器具の扱いが苦手、というタイプが多いだけに、便利屋に徹すると、思いがけなく、彼女の部屋に入り込むチャンスをつかむことができるでしょう。

〝目立たないが、何かよくわからない男〟というのは、ちょっとした高級テクニックです。

初対面では可もなく不可もなくだったが、何度か会う間に、スルメのような味のある男と評価してくれる可能性があります。さほど話術が得意でない人なら、この方法がいいでしょう。

〝夢を与えてくれる男〟とは、新しい情報を話せる男をいいます。

年齢が高くなるにつれて、男でも女性でもロマンチックな話を聞かされなくなるだけに、世の中の広い情報を教えてくれる男は、女性にとって、自分の心の窓を開いてくれるように思うのです。

〝話が合いそうな男〟というのは、さまざまな事前研究から、この女性にはこの話題が合いそうだ、と見きわめをつけるのです。

もちろん、初対面で趣味嗜好を見つけることも、そうむずかしくはないでしょう。家が和風であるか洋風であるかだけでも話題が想像できますし、スポーツウーマンかどうか、車を自分で運転しているかによってでも、ある程度読みとれるものです。

ただひたすら女性から眺め回されるだけでなく、この6つの方法で、積極的に印象をよくするよう心がけてみることです。これを磨けば、職場でも応用できるでしょう。

相手が落ちる口説きのポイント ☑

人と違った一面をのぞかせる

爪が清潔な人という印象をさりげなく残す

女性と一緒に過ごすときに、いちばん大切なのは指の爪だ、と教わったことがあります。女性が近くにいる男を見るとき、どこに注目するかというと、指なのです。

顔ばかり眺めていては変に思われるでしょうし、目をそらしていたら関心がないようにも受けとられるので、自然と男の手に目が向くのでしょうか。

資料を出すとき、企画書をめくるとき、お茶を飲むとき、つねに男の手と指は女性の目の前にさらされます。

それだけに、爪が伸びていたり、爪にアカがたまっていたりしているだけで、女性は気持ち悪くなるのです。

なぜ女性が爪に注目するかといえば、その男の爪が女性器に触れるかもしれない、と想像するからです。

それを思っただけで、汚い爪では身震いするほどの嫌悪感に襲われるといいます。

男と違って女性は触感動物です。

男は体に触れられる機会はまずありませんが、女性はいつなんどき触れられるかもしれないために、触感が鋭敏です。

化粧に長時間かかるのも、化粧そのものより、手のひらやパフなどが顔や髪に触れている時間が快いからなのかもしれません。

この女性心理を心得ていれば、男でも毎朝出勤前に、爪の手入れをするのが当然だ、という気になりませんか？

どんなに仕事ができても女性社員に嫌われては、彼女たちのグループからボイコットされるでしょう。というのも、その種類の話は、あっという間に広まるからです。

そこで、もしあなたが営業マンだったら、交渉相手の女性担当者に対して、最後の3分間に爪の演技を十分に示すことです。もともと資料や企画書類は、最初から相手に渡しては損です。

こちらが重要な部分を説明していても、別のページを勝手にめくってしまうので、そうならないよう、資料は一部だけ相手に向けて広げ、指でさし示しながら説明しなければなりません。

このとき、爪の清潔さがモノをいうのです。

どんなに髪をきれいにとかしていても、爪の清潔さにはかないません。

できれば指は無骨に資料を指すのではなく、芸術家のようななめらかな動きができれば申しぶんありません。

このように、一度、指が清潔であることを認めさせた上で、最後に企画書や資料を渡すのです。相手は安心してそれを受けとるでしょう。

爪の清潔さは当然のことながら、上着に髪の毛やフケが付着していないか、不精ひげが伸びていないかにも留意し、さらにハンカチも模様のあるものでなく、まっ白いものが好感をもたれます。

もし、テクニックを凝らすとすれば、帰る直前に白いハンカチを出して手を拭うと、より効果的です。

女性は触覚的であると同時に視覚的なのです。

男は「愛しているよ」と言葉でいえば、女性は耳で聞くと思っていますが、実際はそんな単純なものではありません。

女性によって違いますが、それぞれ〝愛されている〟状況を頭や心に描くから、うっとりするのです。

よくある話ですが、

「愛しているって、どのくらい？」

と、女性が聞き直すことがあります。これだけでも女性が視覚的であることがわかります。

こんなとき「どのくらいって、そんなことといえるか」とでも答えようものなら、落第です。手を大きく広げて、「こんなもんじゃないよ」といってごらんなさい。彼女は大満足するでしょう。

巧みに女性を操縦できる男は、最後の3分間に「残像」を残そうと努力します。

「それでは失礼します」

これだけでは、何の残像も彼女に与えることができません。白いハンカチは、その意味でいい残像となるのです。

もちろん指の爪も、「そういえば、爪が清潔な人だったわ……」という残像を残すために重要なのです。

相手が落ちる口説きのポイント

書類を手渡すときにも指は見られている

待つべきときは、ひたすら待つ

男は〝アイツはまだ来ないのか〟とチラリと腕時計に目をやりますが、女性は〝まだ大丈夫〟と、遅れた時間を見るために腕時計に目を走らせる、といわれます。つまり自分が待つより、相手を待たせる体質のようです。

それだけに、男同士だと10分も遅れるとイライラするものが、女性同士では1時間ぐらい遅れても互いに平気なようです。

とくに近頃のようにスマホが全盛だと、ラインやメッセージで遅れることを知らせることができますから、待ち合わせはますますいいかげんになってきました。

心理学者の説では、10か月間も胎内で赤ちゃんを育てられる気の長さが、すべてに影響しているのだといいますが、たしかにそうかもしれません。それはまた、男より長生きする理由でもあるのです。

ショッピングで品物を選ぶにしても、たぶん男の数倍は時間をかけるでしょうし、売る側はそれに輪をかける忍耐強さがなければ、つき合っていけません。

「待てば落ちる」とは、まさに女性とのつき合い方の鉄則なのです。

『できる男ほど女を味方にする』というタイトルの私の著書がありますが、ほんとうは『待てる男ほど女性を味方にする』としたいところでした。しかし、それでは努力も何もないように見えるので使いませんでしたが、実のところ、努力しないでも、ひたすら待つ男が勝ちを得ることを知ってほしいのです。

女性が涙を流したとします。

「泣くなよ。涙をふけよ」という男の本音は、いつまでもつき合っていられないよ、というところでしょう。

これですむこともありますが、女性心理をわかっている男は、ただひたすら泣きやむまで待ち続けます。

そして、「少しはさっぱりしたかい？」と、ひと言いうだけです。

どんな女性でも、この種の男に好意をもつものです。

なぜでしょうか？　それは、その男に包容力を感じるからです。

プロポーズするにしても、

「結婚してほしいんだ」

と、ようやく口に出した男に対し、女性がなかなか返事をしないと、

「ダメなの？　僕を愛してないの？」

と、立て続けに迫る男がいますが、これでは相手に考える余裕を与えないので、返事のしようがなくなってしまいます。

相手が落ちる口説きのポイント ☑

待てる男が「勝ち」を得られる

年上の女性には、また会うことを前提にする

ふとしたことで知り合った女性が年上だったとしましょう。

その年上の女性をどう口説くか？　腕によりをかけて、口説き文句を考えてみることにしましょう。

年上の女性がよく使う言葉の一つに、

「いいの？　こんなおばさんで」

というのがあります。

これをまともに受けて、

「もちろんです」

などといおうものなら、頭から水をかけられるのがオチです。

このときの年上の女性には〝私はまだ若いのよ〟と思い込みたい気持ちがあります。

ですから、

「リードするのは、僕のほうですよ」

などと、大人っぽく迫ったほうがいいのです。

すると、

「生意気いっちゃって」

と、彼女のほうはむしろ安心して、笑いながら身をまかせてくることでしょう。

セックスでは女性にまかせておいても、日常では男らしさを出したほうが、彼女も自分の年齢を感じなくなるのです。そのほうが、よっぽどよろこぶはずです。

いかにもヒモだ、と思わせる男を見かけることがありますが、その場合は相手の女性がよほどのお金持ちか、年上のホステスなどが多いようです。

この種の年上の女性は、若い男の精気を一滴残らず吸ってしまおうという、貪《どん》欲《よく》な欲望のもち主ですから、むしろ、かわいく見せたほうがいいでしょう。これはホストクラブの若手がよくやる演技です。

しかし、この演技が女性を若返らせるのですから、決して悪いことではありません。

ただし、素人の年上の女性に、この方法は禁物です。

別に若さをよみがえらせようとして、年下の男を選ぶわけではないからです。ふとしたことで知り合った女性が、偶然いくつか年上の感じだった。なんとなく落ちついていて、しっとりした態度が好ましい。こういうケースが、ときにはあるはずです。

この場合、何もせずに別れてしまうのでは、あまりにももったいなさすぎます。

「また会えませんか?」

などと、くだらない質問はしたくありません。とはいえ、気のきいたセリフが出てこなければ、これでジ・エンドです。

このとき考えられるのは、日付より曜日ということです。

女性は、日付よりも、曜日によって予定が決まっていることが少なくありません。

カルチャー・センターやデパートへのショッピングは、習っている講座や、デパートの営業日と連動していることを知るべきです。

「来週の今日なら会えますよね」

少々図々しいようですが、断定的にこういってみてはどうでしょうか。

「来週の今日ですか?」

彼女は驚くに違いありません。

ところがこの答えは、いみじくも〝会う〟ことを前提にしているのです。

〝来週の今日〟といっているために、会うか会わないかは吹き飛んでしまったのです。

こういう表現法は、相手が大人だからできるのであって、若い女性には、こうはいきません。

もし、いったとすれば、

「なにバカなことといってるのよ」

と、一言《いちごん》のもとに却下されてしまうでしょう。

若い女性は質問を端的にとらえますが、これが大人の女性だと〝情け〟をかけてくれるのです。

「もしかすると、同じ曜日なら、ここで会えるのかと思ったんです」

「さあ、どうしましょう」

ここまでくれば、もう承知したも同然です。こういうカマのかけ方は、びっくりするほど効果が高いということを知っておくべきです。

相手が落ちる
口説きのポイント ☑

一歩進んで、話を進める

ウソでもいい、ほめ言葉を必ず残す

最初の3分間で、

「この人は明るい人だ」

「誠実な男性だ」

「信用できそうだ」

と相手の女性に思わせることに全力をつくすとすれば、最後の3分間は、

「私の最初の印象に間違いがなかったんだわ」

という安心感と満足感を与えるために使わなくてはなりません。

と同時に、それだけに終わらせず、目的を達成するか、達成できる感触まで得なくてはならないでしょう。

初めてのデートをしたとします。帰りぎわに、次の3種類の言葉をいうとしたら、あなたはどれを選ぶでしょうか？

（1）「じゃあまたね、今日はありがとう」
（2）「今日は楽しかった。また会いたいな」
（3）「きみといると楽しいよ。今度はいつ会える？」

当然のことながら（3）を選ぶでしょう。

では、あなたは現実に彼女にこういっているでしょうか？　たぶんいってないはずです。せいぜい（2）の「今日は楽しかった。また会いたいな」くらいでしょう。

大多数の男は、せっかくのチャンスがありながら、それを見送ってしまっているのです。

日本人の口下手と、いってしまえばそれまでですが、肝心のクロージングが抜けてしまっているのです。日本の男たちは肝心なところで、遠慮深くなってしまう習性をもっています。

それは「どうぞお先に」という言葉があるように、遠慮がマナーになっているからだといわれます。

私は若い頃、作家回りをしていましたが、つねに何かひと言、最後にいって帰ろうと心に決めていたせいか、作家よりむしろ夫人に好感をもたれたものです。

「こんなに早く原稿がいただけるとは思いませんでした」

「また来月もこんなに早いとうれしいです」

劇的なひと言を残すのはむずかしくとも、少なくとも満足感を相手に与える言葉は、口に出すべきでしょう。

しかし現実には、

「ありがとうございました。失礼します」

と、最初の挨拶と同じ言葉で帰っていく人が多いのが実情です。これでは次に会えるチャンスをつぶしてしまいます。

「アロンソンの不貞の法則」という心理学の実験があります。

心理学者のアロンソンが唱えた説ですが、女性は未知の人、なじみの薄い人からのほめ言葉には、夫の称賛よりはるかに強く反応する、というのです。

美容院へいってきても気がつかない夫、新しい装いをしても「きれいだね」のひと言もいってくれない夫——これが大部分の家庭だけに、未知の人であろうと初対面であろうと、心をくすぐる言葉を残してくれる人には、もう一度会ってみてもいい、と思ってしまうのが女性です。

性的な部分にさえ触れなければ、快い時間をもてたお礼をいっても、何のさしつかえもありません。

とはいえ、若い男になればなるほど、口下手と同時に無気力です。

これはネット世代、劇画世代の共通の欠点で、生きた女性とのつき合いが少ないだけに、相手をよろこばせる、ということがわからないのです。

スマホではお世辞をいう必要はありませんが、生きた女性にはお世辞にせよ、お礼にせよ、言葉によっていい印象を残す訓練をしないと、好意を抱いてはもらえません。

出会いの3分間同様、帰りぎわの3分間を努力したら、劇的に女性から好意を受けられるようになるはずです。

仮に男が「じゃ」といいながら手を振るだけで、女性は満足するでしょうし、また「あとでメールしますね」というだけで、心がつながりっぱなしになるのです。

相手が落ちる
口説きのポイント

会ったあとに満足感を相手に与える

興奮のあとにモヤモヤを残す

人間は誰にも〝逃がした魚は大きい〟という意識があるものです。

つき合っている最中は、さほどの女性と思っていなかったのに、別れてみたら、その存在がいかに大切だったかを思い知る男が多いのも、そのときは彼女のすばらしさに気づかなかったからです。逆に女性にも、これと同じ心理が働きます。

たとえば、ホストクラブで女性客を釣る方法に、気に入ったらしいホストをべったりその女性客につけさせず、いいかげんのところで他の席に回してしまうことがあります。

これはハンガーマーケットという、一種の飢えを誘うテクニックで、満足させてしまったらその1回で終わるところを、不満を残させるという手法なのです。いわば〝逃げた魚は大きいぞ〟と思わせる〝じらし〟の技法ですが、これこそ女性の気持ちをぐっと引き寄せるキーワードといっていいでしょう。

じらしとは、相手に物足りなさを感じさせることです。

簡単な例で、女性を軽く抱いてキスをしたとしましょう。すると、その女性は物足りなさを抱くでしょうか？　そうはなりません。むしろ彼女は、そのキスを反省する可能性すらあるのです。

ところが、強く抱きしめて情熱的なキスをしたとします。そして、それだけで終わったとすると、必ず彼女は物足りなさを訴えるようになるはずです。

強く抱きしめられ、情熱的なキスをされると、女性は次のステップへの準備行動に移ってしまうのです。それを許すか許さないかは理性の問題ですが、感情と体のほうは理性と関係なく準備ＯＫとなるので、そこまで進まないと、燃焼できないモヤモヤが残ってしまうのです。

つまり、もう一度会いたくさせる極意は、相手にモヤモヤを残させることなのです。それにはいったん興奮させることが必要です。

映画を観て泣いた女性は、いったん興奮したわけですから、そのまま〝さよなら〟といえば、家に帰ってモヤモヤが残ります。

下手な男は、映画を観たその日に迫ってしまいます。それではじらすことにもなりませんし、モヤモヤもないまま迫られるので、女性は拒否したくなるのです。

女性の気持ちをぐっと引き寄せようとしたら、興奮させておいて、一度、こちらが引くのです。 すると彼女は、さまざまに男の気持ちを推しはかり、逃げられたあとで自分が後悔するのではないか、と不安になるのです。

こうした男女の仲も、人間相手のビジネスの極意と同じで、じらすテクニックを身につけてほしいものです。

相手が落ちる
口説きのポイント
☑

いったんじらして、気持ちを引き寄せる

第6章

よろこばせる幸せを知る

女性といい関係を築く

断るほうも、断られるほうも傷つかない誘い方

何回かうかがっている取引先の女性に、思いきってこう声をかけてみましょう。

「僕が誘ったら、課長に叱られますか？」

これは実に巧妙な誘いの言葉だと思いませんか？

（1）仮定の話としてあるので、断るほうも断られるほうも傷つかない
（2）断る原因を〝課長〟にしているので、笑って断れる上に、その後も普通に仕事上でつき合える
（3）女性のほうでも〝いいえ、叱られません〟というだけで誘いを受けられるので、つい誘いに乗ってしまう

このように、断られても傷つかず、仕事にも支障がない誘い方が、いくらでもあることを知ることです。

「僕があなたを誘ったら、仕事に大きな穴があくでしょうね」

といったらどうでしょうか。相手は思わず、「そんなことはありません」といってしまいそうです。

女性に好かれない男は、こういうことをバカにしがちです。取引先の女性を誘って面倒になるのは避けたいと考える人もいます。

たしかに、身近な社内の女性と取引先の女性を比べると、後者のほうが近づきにくいでしょう。それはなぜでしょうか？

もっと単純に、そのへんの飲み屋で出会った女性と、一流ホテルのロビーで出会った女性とでは、どちらが声をかけにくいでしょうか？

いうまでもなく、これも後者です。

しかし、これは私たちの錯覚《さっかく》なのです。環境によって声をかけにくくなっているだけであって、本来はどちらも同じと考えるべきなのです。

そこで取引先の女性とつき合いたいな、と思ったら、いつもの自分よりリラックスして緊張感をとくことが重要です。

緊張感をやわらげるには、いくつか方法があります。

たとえば、大きく息を吸って吐くだけで緊張がゆるみませんか？

大声で笑ってみてもいいでしょう。寝そべって空を見上げただけで、気分が軽くなります。手を揉《も》む方法もあります。

両手の親指を使って、手のひらや指を強く押してみてください。そうしているうちに、少しリラックスしてくるはずです。

首筋を両手の親指で強く揉むだけで、緊張感がほどけていくこともあります。

そこまでリラックスしても、社内の女性の目に映るあなたより、まだコチコチかもしれません。

たとえば、彼女をどこかに誘うとしましょう。

すると、上質なコンサートのチケットを調達する人が多いといわれます。それは自分もよく見られたいし、そのうえ、まだ緊張感が残っているからです。

もちろん、それも悪くありませんが、もうちょっとリラックスした催しに誘うほうが、実はあとあと親しくなりやすいのです。私だったらコンサートより手軽なライブ、プロ野球やJリーグ、あるいは競馬や競艇に誘います。

おもしろいもので、最初にスーツ姿で出会った女性とは精神的に重いつき合いとなり、ジーンズやカジュアルスタイルの女性との出会いは、軽く明るいつき合いに発展するものです。

相手が落ちる口説きのポイント

自分の緊張感をほぐす

年上の女性にはとことん礼をつくす

女性とつき合うときに必ず覚えておかなければいけないことは、女性には年齢がないということです。

「女はいつまでも若いと熱烈に思っている」

これはフランスの歴史学者ジュール・ミシュレの言葉です。とくに年上の女性には、年齢的なことで傷つけないようにすることが大切です。

年上の女性に接するときは、同世代に接する態度ではダメです。

いまの若い世代は、礼儀面ではルーズになっていますから、仲間うちでは通用しても、年上には失礼に感じられることがたくさんあります。

とくに礼儀作法を覚えるのは大変ですから、ともかく年上の女性には「はい」「はい」と逆らわないことと、挨拶をきちんとすることです。これだけでも年上の女性は好感をもってくれます。

好感をもてば、もともと年齢のハンデを人一倍感じている女性は、年下の男の要求を姉か母親のような気分で聞いてくれます。これは基本的には母性本能のなせるワザですから、男は甘えたり、ときにはわがままをいえば、かえってよろこぶものです。

同世代の女性は、考えようによっては、いちばんむずかしい相手です。年齢的に差がないので、感情問題が起こったときに、まともに正面からぶつかって深刻になりやすいからです。深まったミゾが埋まらないこともあります。

年下なら「若いからしかたがない」と思えるし、年上なら相手がそう思ってくれますが、同世代はそれがないからです。

近年、離婚が急増しているのは、同世代結婚が多くなったことと関係がありま す。つまり、衝突すると、お互いが譲らず「じゃあ、別れましょう」になってしまうのです。同世代の女性とつき合う場合は、この点を十分考慮する必要があります。

ちなみに、女性が恋人ではなく、結婚相手として求める男の条件は、次の4つです。あなたは、いくつもっているでしょうか。

(1) 健康
(2) 経済力
(3) 人柄
(4) 包容力
(5) 行動力

番号は、その優先順位となりますが、この中でとくに問題となるのは、経済力と包容力の二つです。

恋人に求める条件とは、だいぶ違ってきているでしょう。結婚となると、ともにガラリと変わって現実的になっています。それだけいまの若者たちは、変わり身が早いといえます。

また、いまの時代、女性は離婚することをそれほどカッコ悪いと思っていないため、男にとっては始末に負えないのです。

おまけに男のほうは離婚経験者の6割が再婚を求めているのに対して、女性の離婚経験者で再婚希望は3割というデータもあります。

男にとって、結婚相手の選択は、一段と厳しくなってきているといえるでしょう。

相手が落ちる口説きのポイント ☑

年上の女性には年齢的な話はしない

「1押し〝2引き〟3に押し」のコツを心得ておく

私はよくデートの約束をするとき、

「来週は火曜日しかダメなんだけど、いいよね」

と、図々しくこう迫ることがあります。

「櫻井さんったら、いつも強引なんだから」

といいつつも、うれしそうな顔をしてくれるものです。

女性に慣れていない男は、いつもいつも遠慮がちに話すために、その間に、トンビに油揚げをさらわれる愚をおかすことになるのです。

「30分間だけでもお会いしたい、と思うのですが、それをあと30分延ばして、1時間お会いいただけませんか？」

これも少し強引ですが、かえっておもしろがる女性もいるものです。

近頃の男たちは、以前よりやさしくなったといわれますが、反対に女性は男性化しているのです。そんな男っぽい女性となると、かえって強く迫られるほうが快い、ということにもなります。

ふだんから、情けない男たちを見てきている女性ともなると、「もっとはっきりいいなさいよ」などと、いらだちを示すことだってあるのです。高学歴の男たちが意外にモテないのが、ここです。

しかし、注意すべきは、図々しさ、強引さといっても、自分の論理であってはなりません。相手が納得しやすい時間、金銭、味などに限ることです。

「僕はいま、1万円しか財布にありませんが、それで飲みに行きましょう」

「あそこの焼肉は私の舌では最高です。一緒に味見をお願いします」

こういった内容のものであれば、反感は起こりません。むしろ、かわいい図々しさと受けとり、つい承諾してしまうのです。

私はよくいわれる「1押し2押し3に押し」という強引な口説き方には否定的です。この方式には、何がなんでも、といった自分勝手、自分中心の考え方がうかがえるだけに、あとで問題が起こる危険性があるからです。

私の強引さは、「1押し2引き3に押し」で、1度は引きます。

いくら図々しくても全部強引に押し通してはいけませんし、〝2引き〟のときは頭をかいて〝バレたか〟といったユーモラスな面も見せなければ、ことはうまくいかないのです。

そこで〝2引き〟の部分は〝相手を思いやる気持ち〟になるのであって、自分中心ではなくなるのです。これはなにも男っぽい女性や大人の女性だけに限りません。年下の女性でも、この方法で迫ったほうがうまくいくこともあります。

相手が落ちる口説きのポイント

押すばかりでは扉は開かない

「きれいだ」のほめ言葉が通用しないとき

独身女性が恋人にしたいタイプの男の条件は、

（1）人柄
（2）フィーリング
（3）行動力
（4）ルックス
（5）趣味の一致

の5つです。

ベスト3までに容姿が入っていないことは、男にとって一つの救いといえますが、同じことを男に聞くと、

（1）楽しさ
（2）美人
（3）やさしさ
（4）明朗さ
（5）プロポーション

となり、女性より男のほうが、外見にこだわっていることがわかります。

実はこの男女の条件のほとんどは、就職試験の合格の条件と同じです。つまり男女それぞれの特徴と長所がしっかりあれば、何の問題もありません。

男が女性を攻略するにあたって、知っておかなくてはならないのは、外見のタ

イプによって攻略法が違ってくることです。

いちばんいい例は、美人を口説くときの「きみはきれいだ」「美しい」というほめ言葉は、ほとんど有効でないことです。

美人は小さいときから、そういわれて育ってきているので、「美人だ」といわれることに不感症になっているのです（ただし、自分が美人だと思っているとは限らない）。だから美人には他の言葉や態度で迫ることが必要です。

では、並の容貌の女性に「きれいだ」は通用するでしょうか？　これも単純に「通用する」とはいえません。

女子学生に「どんなほめ言葉が一番うれしいか？」と聞いたところ、

「頭がいい」

「セクシー」

「（気だてなど）性格がいい」

がベスト3で、これで全体の8割以上を占めています。

「きれいだ」といわれてよろこぶのは、全体の1割（第4位）、つまり10人に1人なのです。

男は女性のルックスにけっこうこだわっているから、そのぶん、ほめ言葉もその方向にいってしまいますが、女性は実は「きれいだ」といわれることを、男が考えるほど望んでいないということなのです。

なぜそうなのでしょうか？

これは女心の複雑さの表れです。

まず、ほんとうに「きれいだ」といわれる女性は世の中にそうゴロゴロいるわけではありません。だから男にそういわれても、手放しでよろこべないという気持ちがあるのです。

しかし反面、女性の普遍的願望は「永遠の若さと美しさ」ですから、「美しい」といわれたくないとは、全然思っていないのです。

その気持ちが「きれいだ」というほめ言葉が、第4位になった理由でしょう。

女性には、いろいろなタイプがいます。きれいな人もいれば、そうでない人もいます。そして、そのことを女性たち自身がわかっています。男は、そのことを心得ておくことです。

相手によって、よろこぶ言葉が変わります。

そのことを日常的に意識していない人が案外多いために、恋愛、結婚で失敗することになるのです。毎日の言葉遣いに、気をつけてみましょう。

相手が落ちる
口説きのポイント

殺し文句にレパートリーをもたせる

明るいタイプと暗いタイプでつき合い方は変わる

人には、明るいタイプと暗いタイプがいます。

暗いタイプの人には、理屈っぽい人、やかまし屋、疑り深い人、神経質な人、とっつきにくい人、劣等感をもっている人がいます。明るいタイプの人は、お天気屋、円満な人、浮気な人、せっかちな人がいるでしょう。

これだけで10タイプの攻略法があるのです。

□理屈っぽい女性………彼女には、異論を唱えてはいけません。自分の理論、理屈に自信をもっているのですから、それを十分に認めた上で、こちらは1歩下がる気持ちが必要です。

□やかまし屋の女性………彼女自身か、彼女のバックの地位や権力に自信があると考えられます。そこで、うやうやしく接することが重要です。一度や二度そっぽを向かれたぐらいで引っ込むようでは、このタイプとはつき合いきれません。

□疑り深い女性………彼女は過去に騙された体験があるのかもしれません。それだけに、口先だけでなく、さまざまな方法で信頼を得ることです。調子のいい会話をするような男は、相手にされません。

□神経質な女性………彼女の前では、服装をきちんとすべきです。また時間にルーズだったり、マナーが悪ければ、それだけで失格でしょう。できれば1回に会う時間を短くすることです。

□とっつきにくい女性………彼女は「やかまし屋の女性」と、ある意味では似ています。自信があるのです。しかし、やかまし屋と違って自分から話すことは少なく、少々高慢に見えます。それだけに、最初からへりくだった態度で接するといいでしょう。

□劣等感の強い女性………彼女は、何ごとも否定的に出てきます。それだけにおだてててもダメです。むしろ何にコンプレックスを抱いているのか、見きわめたほうがいいでしょう。できれば、こちらも劣等感の塊である、と見せかけることです。

□お天気屋の女性………彼女は、会うたびに気分と話すことが違うので、非常にむずかしいものです。いったん同意したからといって油断はなりません。今日はウツの日だな、と思ったら近づかないことです。

□円満な女性………彼女は安心かといえば、そうでもありません。誰にでも円満なのですから、あなたのほかに気になる人が現れたとなると、どちらに決めていいかわからなくなるからです。そこで、なるべくことを急ぐことです。そうしないと、いつまでたってもラチがあきません。

□浮気な女性………彼女は、いつも不満をもっています。異性に関心があるので、好きなタイプなら必ずうまくいきますし、嫌われるようだったら、タイプが違うので退散しましょう。ともかく礼儀正しい男、というイメージを与えることです。

□せっかちな女性………彼女には、こちらがどっしり腰を落ちつけるつもりで話を進めていくこと。とはいえ、あまり落ちつきすぎては嫌われてしまいます。決めるときは一発で決めるつもりで〝急いでしっかり〟という態度で臨むべきです。

これらは性格と気質による応対法なので、相手が男の場合にも、ビジネスでそのまま当てはまることを知っておいて損はありません。

相手が落ちる
口説きのポイント ☑

苦手な人でも、攻略法はある

相手の女性とは正反対のタイプの男を演じる

病気の種類によって処方箋が違うように、女性の性格によって攻め方を変えるのもまた当然です。

たとえば、勝ち気な女性に強気で接することがいい場合もありますが、基本はどんな性格であれ、その性格と対立するより、いったんは受け入れるほうがいいのです。そのためには、その女性の気質や性格と正反対の男を演じてみてはどうでしょうか。

ただ、ここで気をつけなくてはいけないことは、表面に表れている気質や性格が、ほんとうにその女性の個性なのか、それとも虚勢を張っているだけなのかの見きわめです。

もし虚勢なら、むしろそれを砕いてやることのほうが、相手の心をとらえることになります。

□勝ち気な女性には――

「優柔不断男を演じる」……「この人はこんなことで、ちゃんと仕事が務まるのかしら」と思われるくらいでちょうどいいのです。勝ち気な女性は闘争心が旺盛で、バイタリティーもあるので、「私がしっかりしなくては」という気になります。「ダメね」「いくじなし」といいつつも、男につくすことになるのです。

□自尊心の強い女性には――

「奴隷になる」……女王さまでありたいと思っているような女性には、どんなことでも、その願望を満たしてあげることです。貴婦人に対するナイトのように、あるいは召し使いや奴隷のように、ひれ伏す態度で臨めば自然に心を開きます。自尊心はコンプレックスの裏返しで、このタイプはいったん心を開けばガラリと変わるものです。

□気弱で内向的な女性には――

「味方になる」……頼れる人、安心して悩みを打ち明けられる人をほしがっている女性は、「いつでも相談においでよ。力になってあげるから」といった言葉に感動するのです。このタイプには、ひとりっ子が多いといわれます。兄や弟のような存在として力になるようにするといいでしょう。

□明るく積極的な女性には――

「無難な男で迫る」……現実に一番多いのはこのタイプで、ごく普通の家庭に育ち、十人並みの頭脳と容貌のもち主です。こういうタイプは、普通であることが安心します。気負わずに接することで、いい関係を築いていけます。ただし、陰気な気質の男では、このタイプの女性とは長続きしないでしょう。

日本の男は、陰気か陽気かで分けると、陰の気質をもった人のほうが多いのです。これからは、いままで以上に外国人が日本にやってきます。明るくて、積極的なタイプに弱い女性は、外国の男性に奪われる恐れもあります。あなたのライバルは、同僚ではなく、外国の優秀な男たちかもしれません。

相手が落ちる口説きのポイント ☑

相手によって自分を演じ分ける

他部署の女性には、偶然の出会いを3回つくる

同じ職場の女性とつき合うとしたら、仕事以外に人間として何が必要でしょうか？　いくつか浮かびあがってきます。

（1）社内外の情報
（2）社内の明るい人間関係
（3）過不足ないマナー
（4）ほっとするアフター5

もっとほかにあるかもしれませんが、だいたいこんなものでしょうか。

では、同じ部署でなく、他のセクションの女性とつき合うとしたら、この中のどれが必要でしょうか？

それは（1）と（4）です。

とくに、彼女にあなたが必要な男性だ、と思わせるには（1）の情報が優先します。

一人の人間を味方にしようとするには、相手にとっても味方でなくてはなりません。

と同時に、向こうから近寄ってきてくれることはまず考えられないだけに、こちらから積極的に打って出なくてはなりません。

「偶然が3回続くと、女性には奇跡となる」

という言葉があります。2回でもめずらしいのですから、3回ともなれば白馬の王子さまのように見えるかもしれません。

その偶然は、待っているだけではなかなか起こりません。そこで、つくればいいのです。たとえば、彼女が乗った電車の同じ車両に、あとから飛び乗る。たったそれだけで、「!」となります。

それから1週間ぐらいたって彼女とエレベーターで再び一緒になったら、もう彼女の心の中に、あなたという男性が小さくても存在するようになります。

そうなれば、いつどこでも、「たまには情報交換をやりませんか?」と誘えばいいのです。

このときも、「デートしましょう」という私的な誘い方ではなく、あくまでも社業中心の誘いをかけるならば、彼女はそれに乗りやすくなります。誰だって情報は必要ですし、あまり陰でコソコソやる種類のものではないだけに、非常に巧みな方法でしょう。

まじめな男たちの欠点は、偶然をつくるといった考え方が欠如していることです。しかし、それでは女性とつき合うきっかけをいつまでたってもつかむことはできません。

「ウソも方便」ではありませんが、自分が『スパイ大作戦』の主役になったつもりで女性をターゲットにしてみるのです。

たとえば、実に単純なテクニックを使ってみましょう。

カフェに行くとき、

「あの信号を渡ったところに、いい店があるんだ」

といって、歩きながら信号が黄色になる瞬間を狙《ねら》うのです。

黄信号になる寸前だったら、安全のために、彼女の腕をつかんでも不自然ではありません。たったそれだけで、腕を組む仲になれるのです。女性心理学がいかに大切かが、おわかりでしょう。

相手が落ちる
口説きのポイント

偶然が3回続けば運命に変わる

［著者プロフィール］

櫻井秀勲　さくらい・ひでのり

1931年、東京生まれ。東京外国語大学を卒業後、光文社に入社。

文芸誌の編集者として、川端康成、三島由紀夫、松本清張など歴史に名を残す作家と親交をもった。31歳で女性誌「女性自身」の編集長に抜擢され、毎週100万部発行の人気週刊誌に育て上げた。55歳で独立したのを機に、『女がわからないでメシが食えるか』で作家デビュー。以来、『運命は35歳で決まる！』『人脈につながるマナーの常識』『人脈につながる話し方の常識』『今夜から！口説き大王』など著作は200冊余に及ぶ。

Kizuna Pocket Edition
ビジネスに役立つ 超絶！ 口説きの技術

2017年3月20日　初版第1刷発行

著　者　櫻井秀勲
発行者　岡村季子
発行所　きずな出版
東京都新宿区白銀町1-13
〒162-0816
電話03-3260-0391
振替00160-2-633551
http://www.kizuna-pub.jp/

ブックデザイン　福田和雄（FUKUDA DESIGN）
編集協力　ウーマンウエーブ
印　刷　モリモト印刷

ISBN978-4-907072-93-3

きずな出版

書籍の感想、著者へのメッセージは以下のアドレスにお寄せください
E-mail：39@kizuna-pub.jp

きずな出版
http://www.kizuna-pub.jp/